KiWi PAPERBACK

1191

Das Buch

In welchem Jahr endete der Dreißigjährige Krieg? Welche Epoche wird heute als »Gründerzeit« bezeichnet? Wann wurde die DDR gegründet?

Der Schulunterricht ist für die meisten schon lange her, dennoch haben sich bereits eine Viertelmillion Leser getraut, an Deutschlands größtem Geschichtstest teilzunehmen. Dieses Buch bietet eine neue Chance zum Mitmachen. Es enthält den erweiterten »SPIEGEL-Wissenstest Geschichte«, eine Auswertung der überraschenden Ergebnisse und Interviews zum Thema mit Heinrich August Winkler und Johannes B. Kerner.

Die Autoren

Martin Doerry, geboren 1955, ist promovierter Historiker und arbeitet seit 1987 für den SPIEGEL in Hamburg. Zunächst war er Bildungsredakteur, später dann Leiter des Kulturressorts sowie des Ressorts Deutsche Politik. Seit 1998 ist er stellvertretender Chefredakteur.

Markus Verbeet, Dr. jur., geb. 1974, arbeitet seit 2003 für den SPIEGEL, derzeit als Redakteur im Deutschland-Ressort für den Bereich Bildung.

Martin Doerry / Markus Verbeet

WIE GUT IST IHRE ALLGEMEINBILDUNG?

Geschichte

Der große SPIEGEL-Wissenstest zum Mitmachen

Kiepenheuer & Witsch

MIX
Papier aus verantwortungsvollen Quellen
FSC® C083411
FSC
www.fsc.org

Verlag Kiepenheuer & Witsch, FSC®-N001512

1. Auflage 2011

Umschlaggestaltung: Barbara Thoben, Köln
Umschlagmotiv: © fotolia/mipan
Gestaltung und Satz Innenteil: Felder KölnBerlin
Gesetzt aus der Foundry
Druck und Bindung: CPI – Clausen & Bosse, Leck
ISBN 978-3-462-04282-5

INHALT

EINLEITUNG

Geschichte, so scheint es, liegt voll im Trend. Menschenmassen ziehen zu Ritterspielen oder Mittelaltermärkten, historische Stoffe befördern Bücher zu Bestsellern und Fernsehfilme zu Quotenhits. Die Vergangenheit übt gemischte, aber stets große Gefühle aus: Mal lässt sie schaudern (die schrecklichen Wikinger, die fürchterlichen Inquisitoren!), mal schwelgen (die edlen Ritter, die weisen Griechen!), die Faszination jedenfalls ist immer immens. Das Tote ist, wenn man so will, lebendiger denn je. Viele Menschen wollen am Beginn des dritten Jahrtausends offenbar nicht nur nach vorne blicken, in eine Zukunft, die gar nicht sicher sein kann. Sondern sich auf eine Vergangenheit stützen, die vermeintliche Gewissheiten bietet, auch wenn bei näherer Betrachtung alles ganz anders war.

Das Interesse war dementsprechend gewaltig, als die SPIEGEL-Redaktion erneut zu einem großen Wissenstest im Internet aufrief. Mehr als eine Viertelmillion Menschen versuchte sich bei SPIEGEL ONLINE und über studiVZ an den Aufgaben, die mehrheitlich aus dem Bereich Geschichte stammten. Dieses Buch bietet einen erweiterten Fragenkatalog, damit jeder sein historisches Wissen überprüfen kann, von der Vorgeschichte bis in unsere Zeit. Manche Fragen sind ganz schön knifflig, andere sollte wirklich jedermann beantworten können – in diesem Buch sind einige Aufgaben versteckt, die so oder in ähnlicher Form auch im Einbürgerungstest zu finden sind. Dieses Wissen setzt unser Staat also bei denen voraus, die dazugehören wollen. Alle, die schon deutsche Staatsbürger und meist auch hier aufgewachsen sind, sollten es erst recht haben. Um welche Fragen es sich handelt und wie die anderen hunderttausend Teilnehmer abgeschnitten haben, lesen Sie in der großen Analyse der Ergebnisse ab Seite 131.

Insgesamt enthält das Buch genau 150 Fragen. Das ist mehr als genug, um sich mit den anderen Teilnehmern zu vergleichen und eine Einschätzung seines eigenen Wissensstands zu erhalten. Und das ist natürlich viel zu wenig, um der Geschichte auch nur annähernd gerecht zu werden. Die Fragen verstehen sich daher als Katalog, der Spaß und Interesse wecken soll, nicht als Kanon. Epochen, Kontinente, Entwicklungen – dies alles in einem Fragenkatalog abzubilden, würde im dicksten Buch der Welt nicht gelingen. In einem kleinen Band wie diesem kann es erst recht nur darum gehen, eine kleine Entdeckungsreise durch die weite Welt der Geschichte anzubieten. Gelingt es Ihnen, Irrwege zu vermeiden, finden Sie sich zurecht?

Das ist nur zu schaffen, wenn man einige Fakten parat hat: Jahreszahlen, Begriffe, Namen. Dieses Wissen gilt häufig als altmodisch. Ein Selbstzweck ist es sicher nicht; wer alle Wahlergebnisse der NSDAP oder alle Schlachten des Zweiten Weltkriegs aufsagen kann, aber nie über Verführung und Verführbarkeit von Gesellschaften nachgedacht hat, hat nichts verstanden. »Nicht die Anhäufung von Wissen ist das, was wir den Studierenden vermitteln sollten, sondern die Erkenntnis von Zusammenhängen, die Fähigkeit, einzelne Erscheinungen in einen größeren Kontext einzuordnen«, sagt der große deutsche Historiker Heinrich August Winkler im Interview ab Seite 146, »die Daten und Fakten gewinnen erst Sinn durch die Suche nach Zusammenhängen.« Das ist sicher richtig, aber ganz ohne ein solches Gerüst geht es natürlich auch nicht. »Es hilft mir doch, wenn ich wesentliche Daten und Fakten präsent habe«, sagt der TV-Moderator Johannes B. Kerner – kein renommierter Geschichtsprofessor, aber ein interessierter Laie. Im Interview ab Seite 138 betont er: Es sei schließlich »keine Schande, einige Dinge im Kopf zu haben«.

Das wiederum ist, fernab aller schaurig-schönen Geschichtsgefühle, sicherlich ebenso richtig. In diesem Sinne viel Vergnügen beim großen Wissenstest: Was haben Sie im Kopf, wie gut ist Ihre Allgemeinbildung – in Geschichte?

DER GROSSE SPIEGEL-WISSENSTEST

Geschichte

DIE GEBRAUCHSANWEISUNG

1 Wie mache ich mit?

Suchen Sie sich einen ruhigen Platz, nehmen Sie einen Stift in die Hand und halten Sie eine Uhr mit Sekundenzeiger im Blick. Los geht's – Sie haben 30 Sekunden pro Aufgabe. Wenn Sie bis dahin keine Antwort gefunden haben, springen Sie zur nächsten Aufgabe.

2 Wie ermittle ich mein Ergebnis?

Vergleichen Sie Ihre Antworten mit den Lösungen. Für jede richtige Antwort geben Sie sich einen Punkt. Wenn Sie – wie bei manchen Aufgaben – einen Namen oder einen Begriff schreiben mussten: Werten Sie die Antwort auch dann als richtig, wenn Sie einen kleinen Schreibfehler gemacht haben (etwa: Helmut Schmitt statt Helmut Schmidt). Zählen Sie schließlich für jeden der sechs Bereiche Ihre Punktzahl.

Zahl der richtigen Antworten pro Themengebiet

23–25 = sehr gut
18–22 = gut
14–17 = befriedigend
10–13 = ausreichend
weniger als 10 = mangelhaft

3 Wie vergleiche ich mein Ergebnis?

Wenn Sie Ihr Ergebnis mit den anderen Teilnehmern des SPIEGEL-Wissenstests Geschichte vergleichen wollen, müssen Sie eine kleine Rechnung vornehmen: Zählen Sie alle richtigen Antworten aus den sechs Bereichen zusammen. Die Grafik zeigt Ihnen, wie gut Sie im Vergleich zu den anderen Teilnehmern abgeschnitten haben.

Beispielrechnung

Richtige Antworten in ...	
»Vorgeschichte bis Antike«	18
»Mittelalter bis Frühe Neuzeit«	23
»Französische Revolution bis Erster Weltkrieg«	21
»Weimarer Republik bis Zweiter Weltkrieg«	16
»Bundesrepublik und DDR«	13
»Europa und die Welt seit 1945«	17
Gesamtzahl richtige Antworten	108

Das heißt: Sie zählen zu den besten 33,3 % der Teilnehmer.

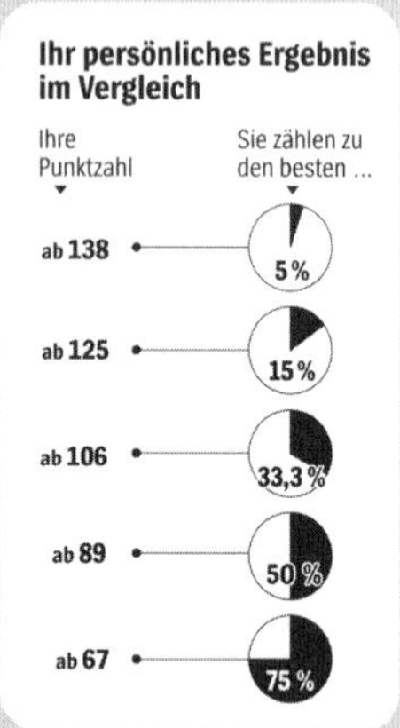

DIE FRAGEN
VORGESCHICHTE BIS ANTIKE

FRAGE 1

Welcher römische Kaiser trat als Erster zum Christentum über?

1 Vespasian O
2 Augustus O
3 Konstantin O
4 Claudius O

FRAGE 3

Wie heißt die antike Stadt Konstantinopel heute?

1 Istanbul O
2 Ankara O
3 Constância O
4 Thessaloniki O

FRAGE 4

Gegen wen siegten die Athener 490 v. Chr. bei Marathon?

1 Spartaner O
2 Punier O
3 Römer O
4 Perser O

FRAGE 5

Wie hieß der ägyptische Pharao, der die Verehrung des Sonnengottes Aton als alleinige Gottheit einführte?

1 Ramses II. O
2 Amenophis III. O
3 Echnaton O
4 Tutanchamun O

FRAGE 6

Welcher griechische Philosoph wurde verurteilt, sich zu vergiften?

1 Xenophon O
2 Sokrates O
3 Platon O
4 Anaxagoras O

FRAGE 7

Die weltberühmte Büste welcher ägyptischen Königin steht in Berlin im Neuen Museum?

1 Kleopatra
2 Nofretete
3 Hatschepsut
4 Eurydike

FRAGE 8

Wie hieß einer der Mörder des römischen Diktators Julius Caesar?

1 Brutus O
2 Antonius O
3 Augustus O
4 Cato O

FRAGE 9

Wie alt sind die jüngsten Spuren des Neandertalers in Europa?

1 2.000 Jahre
2 16.000 Jahre
3 28.000 Jahre
4 42.000 Jahre

FRAGE 10

Was liegt in der europäischen Geschichte am wenigsten weit zurück?

1 Bronzezeit O
2 Kupfersteinzeit O
3 Jungsteinzeit O
4 Eisenzeit O

FRAGE 11

Mit welchem militärischen Einsatz endete die römische Expansion in Germanien?

1 Caesars Gallischer Krieg (58–51 v. Chr.) O
2 Doppelschlacht bei Philippi (42 v. Chr.) O
3 Eroberung Jerusalems (70 n. Chr.) O
4 Varus-Schlacht (9 n. Chr.) O

FRAGE 12

Welcher Apostel Christi gründete der Sage nach eine Gemeinde in Rom?

1 Paulus O
2 Judas O
3 Petrus O
4 Johannes O

FRAGE 13

Die Gründung Roms um 750 v. Chr. fand der Sage nach an jener Stelle statt, an der ein Zwillingspaar von einer Wölfin gesäugt wurde. Wie hießen die beiden?

1 Titus und Tatius O
2 Skylla und Charybdis O
3 Romulus und Remus O
4 Samson und Delila O

FRAGE 14

279 v. Chr. siegte der Hegemon von Epirus in Italien trotz großer Verluste gegen die Römer, scheiterte aber bei der Errichtung eines Königreichs in Süditalien. Heute spricht man deswegen vom ...

1 Pyrrhus-Sieg. O
2 Epirus-Sieg. O
3 Karthager-Erlebnis. O
4 Sizilianischen Untergang. O

FRAGE 15

Wann endete das Weströmische Reich?

1 375 n. Chr. O
2 476 n. Chr. O
3 391 n. Chr. O
4 404 n. Chr. O

FRAGE 16

Wie hieß die Grenzbefestigung, die von den Römern gegen die Germanen errichtet worden war?

1 Konsulat O
2 Römer-Kranz O
3 Limes O
4 Basilika O

FRAGE 17

Im Jahr 71 v. Chr. scheiterte ein Sklavenaufstand im Römischen Reich. Wie hieß der Anführer der Sklaven?

1 Spartakus O
2 Crassus O
3 Pompeius O
4 Catilina O

FRAGE 18

Welcher Feldherr zog im Krieg gegen die Römer mit Elefanten über die Alpen?

1 Philipp von Mazedonien O
2 Hermann der Cherusker O
3 Perserkönig Darius O
4 Hannibal O

FRAGE 19

Wie heißt dieser antike Tempelbezirk?

FRAGE 20

Die alten Griechen befragten das Orakel von ...

1 Sparta. O
2 Delphi. O
3 Korinth. O
4 Knossos. O

FRAGE 21

Alexander der Große führte Krieg gegen die Perser. Wie endet der Merkspruch zur Schlacht bei Issos in Kleinasien?

333 – bei Issos

FRAGE 22

Welches Gebäude in Trier stammt noch aus der Römerzeit?

1 Porta Nigra O
2 Castello O
3 Forum Romanum O
4 Limes O

FRAGE 23

Was bezeichnet der Begriff »Scherbengericht«?

1 Im alten Rom wurden verurteilte Verbrecher öffentlich mit Scherben beworfen. O

2 Die Bürger Athens ritzten den Namen eines unliebsamen Politikers auf eine Tonscherbe und verbannten ihn aus der Stadt. O

3 Archäologen legen gefundene Steinscherben zusammen, um die Urteile antiker Gerichte zu rekonstruieren. O

4 Im Hethiterreich wurden Maisfladen auf im Feuer erhitzten Scherben gebraten. O

FRAGE 24

Welcher Begriff bezeichnet ausgestorbene Vorfahren des heutigen Menschen?

1 Homo sapiens O

2 Homo faber O

3 Homo erectus O

4 Homo oeconomicus O

FRAGE 25

Aus welchem Material sind die ältesten bekannten Werkzeuge des Menschen?

1 Eisen O

2 Bronze O

3 Stein O

4 Kupfer O

DIE FRAGEN
MITTELALTER BIS FRÜHE NEUZEIT

?

FRAGE 26

Was wollte Christoph Kolumbus entdecken?

1 Amerika
2 Australien
3 Indien
4 China

FRAGE 27

Der »Ausgang des Menschen aus seiner selbst verschuldeten Unmündigkeit« ist eine Forderung ...

1 der Romantik. O
2 der Renaissance. O
3 der Aufklärung. O
4 des Biedermeier. O

FRAGE 28

In welchem Jahrhundert endete das Mittelalter?

Im ______ Jahrhundert

FRAGE 29

Wer wurde bei der sogenannten »Pippinischen Schenkung« bedacht?

1 Der Kaiser O
2 Das Volk O
3 Niemand, diese Schenkung gibt es nicht O
4 Der Papst O

FRAGE 30

Wer trat zum katholischen Christentum über?

1 Kaiser Karl der Große O
2 König Chlodwig I. O
3 Kaiser Friedrich I. Barbarossa O
4 König Ludwig der Fromme O

FRAGE 31

Welche Staaten entstanden aus dem Reich von Karl dem Großen?

1 Spanien und Frankreich O
2 Frankreich und Deutschland O
3 Deutschland und Italien O
4 Österreich und Deutschland O

FRAGE 32

Wer errichtete Bauwerke wie die Festung Machu Picchu oder die Mauern in Cuzco im heutigen Peru?

1 Azteken

2 Maya

3 Inka

4 Olmeken

FRAGE 33

In welchem Jahrhundert ist der Prophet Mohammed gestorben?

FRAGE 34

Wer gründete im Mittelalter die ersten Schulen?

1 Die Klöster O
2 Die Kaiser O
3 Die Städte O
4 Der Staat O

FRAGE 35

Was wollten die Herrscher mit dem Begriff »Heiliges Römisches Reich Deutscher Nation« ausdrücken?

1 Dass sie auch Italien unterworfen hatten O
2 Dass sie einen Regierungssitz in Rom hatten O
3 Dass der Papst die oberste Autorität war O
4 Dass sie in der Tradition des »Imperium Romanum« standen O

FRAGE 36

Das Mittelalter war geprägt von der Beziehung von Herren zu Vasallen: Die Herren vergaben Grund und Boden oder bestimmte Rechte auf Lebenszeit. Diese Beziehung nennt man ...

1 Leiharbeit. O
2 Zünfte. O
3 Lehnswesen. O
4 Stände. O

FRAGE 37

Von welchem Kloster ging im Mittelalter eine wichtige Reform aus, die unter anderem mehr Frömmigkeit einforderte und die alleinige Entscheidungsgewalt der Kirche über die Vergabe von Kirchenämtern verlangte?

1 Cluny O
2 Ettal O
3 St. Ottilien O
4 Andechs O

FRAGE 38

Worum ging es beim Investiturstreit im Mittelalter?

1 Um die Wahl der Kaiser O
2 Um die Amtseinsetzung von Geistlichen O
3 Um die Erbfolge in den Herrscherhäusern O
4 Um die Exkommunikation Luthers O

FRAGE 39

Wie heißt der Mann, der 1066 England einnahm?

1 Wilhelm der Eroberer
2 Hägar der Schreckliche
3 Karl der Kühne
4 Normann der Normanne

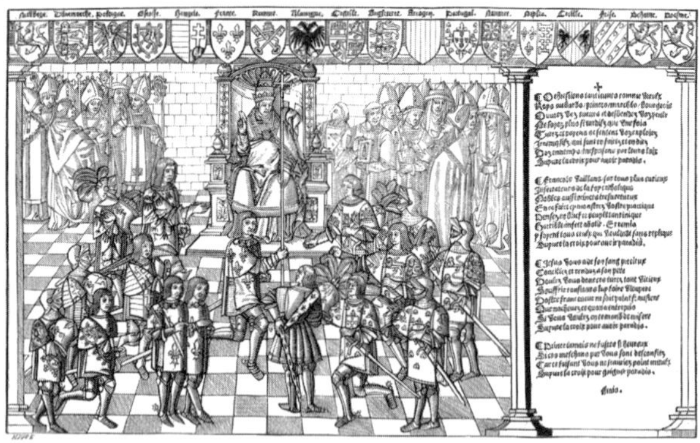

FRAGE 40

Was war das Ziel des Ersten Kreuzzugs, zu dem Papst Urban II. im Jahr 1095 aufrief?

1 Einnahme Konstantinopels
2 Befreiung des Irak
3 Rückeroberung Palästinas
4 Zerstörung Karthagos

FRAGE 41

Welcher Krankheit fiel Mitte des 14. Jahrhunderts vermutlich rund ein Drittel der Bevölkerung in Europa zum Opfer?

1 Pest O
2 Cholera O
3 Malaria O
4 Typhus O

FRAGE 42

Welche Stadt war nicht Mitglied der Hanse?

1 Köln O
2 Münster O
3 Hamburg O
4 München O

FRAGE 43

Was bezeichnet das »Morgenländische Schisma« von 1054?

1 Trennung von Papsttum und Kaisertum O
2 Trennung von Katholiken und Protestanten O
3 Trennung von Islam und Christentum O
4 Trennung von West- und Ostkirche O

FRAGE 44

Wer wurde durch einen Reisebericht über China bekannt?

1 Vasco da Gama O
2 Marco Polo O
3 Ferdinand Magellan O
4 Zheng He O

FRAGE 45

Was bedeutete die »Reichsacht«, die Kaiser Karl V. gegenüber Martin Luther ausgesprochen hat?

1 Luther muss von allen Untertanen geachtet werden.
2 Luther ist verpflichtet, die Reichsgesetze zu beachten.
3 Luther darf von jedem straflos getötet werden.
4 Luther wird in den Kreis der acht Weisen des Reichs aufgenommen.

FRAGE 46

Im Augsburger Religionsfrieden von 1555 wurde festgelegt:

1 Alle Untertanen werden Katholiken. O

2 Alle Untertanen werden Protestanten. O

3 Jeder Untertan entscheidet selbst über seine Konfession. O

4 Der jeweilige Landesherrscher entscheidet, welche Konfession gilt. O

FRAGE 47

In welchem Jahr endete der Dreißigjährige Krieg?

Bitte tragen Sie die Jahreszahl ein:

FRAGE 48

Wie heißt die Augsburger Familie, die im Mittelalter durch ihre Geschäfte mit den Habsburgern, der Kirche und vielen Herrschern ein Finanzimperium aufbaute?

FRAGE 49

Welches Ziel verfolgte Peter der Große?

1 Verwandlung Russlands in einen modernen Staat
2 Niederschlagung der Mongolen
3 Eroberung Preußens
4 Ausbau Moskaus als Hauptstadt

FRAGE 50

Der Gegensatz welcher beiden Adelsgeschlechter prägte das Deutsche Reich im hohen Mittelalter?

1 Liudolfinger und Ottonen O
2 Staufer und Welfen O
3 Habsburger und Nassauer O
4 Luxemburger und Wittelsbacher O

DIE FRAGEN
FRANZÖSISCHE REVOLUTION BIS ERSTER WELTKRIEG

FRAGE 51

In welcher Stadt tagte 1848/49 die Deutsche Nationalversammlung?

1 Berlin O
2 Frankfurt am Main O
3 Bonn O
4 Weimar O

FRAGE 52

Wo wurde 1871 das Deutsche Kaiserreich proklamiert?

1 Potsdam O
2 Nürnberg O
3 Paris O
4 Versailles O

FRAGE 53

Welches Ereignis löste den Ersten Weltkrieg aus?

1 Versenkung des britischen Passagierdampfers Lusitania am 7. Mai 1915 O
2 Attentat auf Erzherzog Franz Ferdinand am 28. Juni 1914 O
3 Eröffnung des Panamakanals am 15. August 1914 O
4 Ermordung des französischen Sozialistenführers Jean Jaurès am 31. Juli 1914 O

FRAGE 54

Für welche der folgenden Maßnahmen war Reichskanzler Bismarck nicht verantwortlich?

1 Für das gegen die Sozialdemokraten gerichtete Sozialistengesetz

2 Für den Kulturkampf gegen den politischen Einfluss der katholischen Kirche

3 Für den Beginn des Marine-Wettrüstens mit Großbritannien

4 Für die Einführung der deutschen Kranken-, Unfall- und Rentenversicherung

FRAGE 55

Welches der genannten Gebiete war keine Kolonie des Deutschen Kaiserreichs?

1 Ostafrika O

2 Südwestafrika O

3 Madagaskar O

4 Kamerun O

FRAGE 56

Wer ist das?

1 Kaiser Wilhelm I.
2 König Friedrich der Große
3 Zar Nikolaus II.
4 Kaiser Wilhelm II.

FRAGE 57

Mit welchem Kriegsgegner schloss Deutschland im März 1918 einen Separatfrieden?

1 Russland O
2 Großbritannien O
3 Frankreich O
4 USA O

FRAGE 58

Die Leiche welcher Politikerin wurde 1919 im Berliner Landwehrkanal gefunden?

1 Clara Zetkin O
2 Hilde Benjamin O
3 Helene Lange O
4 Rosa Luxemburg O

FRAGE 59

1832 versammelten sich national gesinnte Bürger und Studenten beim ...

1 Wetzlarer Reichstag. O
2 Hambacher Fest. O
3 Mannheimer Kongress. O
4 Göttinger Tribunal. O

FRAGE 60

Welcher diplomatische Affront Bismarcks führte 1870 zum Deutsch-Französischen Krieg?

1 Potsdamer Telegramm O
2 Emser Depesche O
3 Baden-Badener Intervention O
4 Berliner Rede O

FRAGE 61

Bei welcher Veranstaltung wurden 1815 die Staaten Europas neu geordnet?

1 Pariser Friedenskonferenz O
2 Weimarer Nationalversammlung O
3 Wiener Kongress O
4 Konferenz von Jalta O

FRAGE 62

Woher stammen die nationalen Symbolfarben Schwarz-Rot-Gold?

1 Preußische Flagge

2 Fahne des Bayernkönigs Ludwig II.

3 Farben des Lützowschen Freikorps aus den Befreiungskriegen 1813

4 Farben des Deutschen Bundes

FRAGE 63

In welchem Jahr regierten im 19. Jahrhundert gleich drei deutsche Kaiser?

1 1849 O
2 1888 O
3 1871 O
4 1890 O

FRAGE 64

Wessen Ermordung ging 1819 den Karlsbader Beschlüssen voraus, mit denen die liberalen und nationalen Tendenzen in Europa bekämpft werden sollten?

1 US-Präsident Abraham Lincoln in Washington O
2 Zar Alexander II. in St. Petersburg O
3 Otto von Bismarck in Kissingen O
4 Russischer Generalkonsul August von Kotzebue in Mannheim O

FRAGE 65

Welche politische Bewegung bekämpfte Europas Regenten im späten 19. Jahrhundert mit Terroranschlägen?

1 Anarchisten O
2 Frühsozialisten O
3 Tschetschenen O
4 Sozialdemokraten O

FRAGE 66

Nach welcher Schlacht gründete Henry Dunant das Rote Kreuz?

1 Waterloo 1815
2 Solferino 1859
3 Königgrätz 1866
4 Verdun 1916

FRAGE 67

Wann wurde Elsass-Lothringen vom Deutschen Reich annektiert, wann wurde es völkerrechtlich wieder mit Frankreich vereint?

1 1849/1918 O
2 1871/1918 O
3 1871/1919 O
4 1873/1920 O

FRAGE 68

Wer war dieser Mann?

1 Der Mitautor des Kommunistischen Manifests Friedrich Engels

2 Der preußische König Friedrich-Wilhelm IV.

3 Der österreichiche Außenminister Fürst von Metternich

4 Der Politiker der deutschen Märzrevolution Robert Blum

FRAGE 69

Welche Epoche wird heute als »Gründerzeit« bezeichnet?

1 Die Jahre vor dem Börsencrash 1873 O

2 Das Jahrzehnt vor dem Ausbruch des Ersten Weltkriegs O

3 Die Jahre nach der Gründung des Deutschen Bundes 1815 O

4 Die Zeit nach dem Regierungsantritt Kaiser Wilhelms II. O

FRAGE 70

Nennen Sie den Namen dieses Mannes!

FRAGE 71

Die Sklaverei in den USA endete mit der Niederlage der Südstaaten im Bürgerkrieg. Wann?

1 1776 O
2 1918 O
3 1945 O
4 1865 O

FRAGE 72

Welcher Politiker reformierte zu Beginn des 19. Jahrhunderts das preußische Bildungswesen?

1 Alexander von Humboldt O
2 Karl Freiherr vom Stein O
3 Karl August Fürst von Hardenberg O
4 Wilhelm von Humboldt O

FRAGE 73

Wann trat das Bürgerliche Gesetzbuch in Kraft?

1 1848
2 1900
3 1919
4 1871

FRAGE 74

Mit welchem Instrument wurden viele Menschen während der Französischen Revolution hingerichtet?

1 Vorderlader O

2 Galgen O

3 Guillotine O

4 Garrotte O

FRAGE 75

»Die Menschen werden frei und gleich an Rechten geboren und bleiben es.« – Dies ist der erste Artikel ...

1 der französischen Menschenrechtserklärung von 1789. O

2 des deutschen Grundgesetzes von 1949. O

3 der amerikanischen Unabhängigkeitserklärung von 1776. O

4 in der Arbeitslosenversicherung. O

DIE FRAGEN
WEIMARER REPUBLIK BIS ZWEITER WELTKRIEG

FRAGE 76

Claus Schenk Graf von Stauffenberg wurde bekannt durch ...

1 eine Goldmedaille bei den Olympischen Spielen 1936.

2 den Bau des Reichstagsgebäudes.

3 das Attentat auf Hitler am 20. Juli 1944.

4 den Aufbau der Wehrmacht.

FRAGE 77

Was passierte am 9. November 1938 in Deutschland?

1 Jüdische Geschäfte und Synagogen wurden durch Nationalsozialisten und ihre Anhänger zerstört. O

2 Mit dem Angriff auf Polen begann der Zweite Weltkrieg. O

3 Die Nationalsozialisten verloren eine Wahl und lösten den Reichstag auf. O

4 Hitler wurde Reichspräsident und ließ alle Parteien verbieten. O

FRAGE 78

Wo war die britische Besatzungszone?

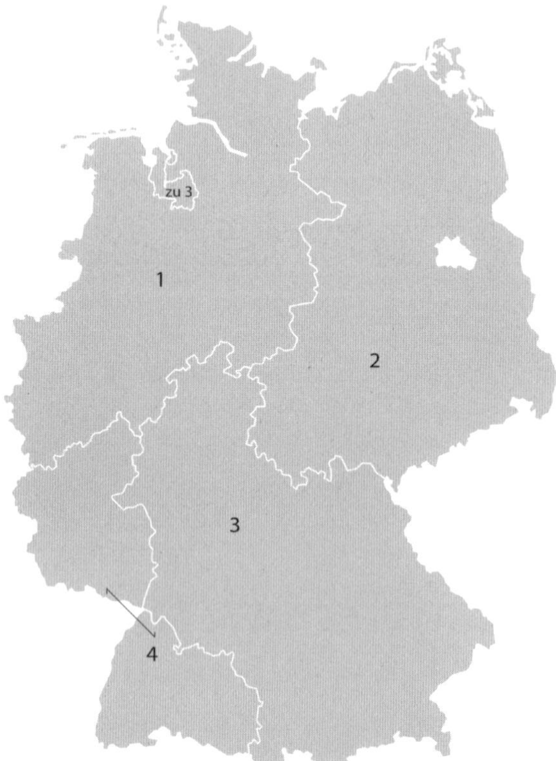

Bitte tragen Sie die Ziffer ein:

FRAGE 79

Vom Juni 1948 bis zum Mai 1949 wurden die Bürger und Bürgerinnen von Westberlin durch eine Luftbrücke versorgt. Welcher Umstand war dafür verantwortlich?

1 Für Frankreich war eine Versorgung der Westberliner Bevölkerung mit dem Flugzeug kostengünstiger.

2 Die Sowjetunion unterbrach den gesamten Verkehr auf dem Landwege.

3 Die amerikanischen Soldaten hatten beim Landtransport Angst vor Überfällen.

4 Für Großbritannien war die Versorgung über die Luftbrücke schneller.

FRAGE 80

Welche Parteien wurden 1946 zwangsweise zur SED vereint, der Einheitspartei der späteren DDR?

1 SPD und CDU O
2 CDU und FDP O
3 KPD und CSU O
4 KPD und SPD O

FRAGE 81

Was nannten die Menschen in Deutschland sehr lange »die Stunde null«?

1 Die Zeit nach der Wende im Jahr 1989 O
2 Das Ende des Zweiten Weltkriegs und den Beginn des Wiederaufbaus O
3 Den Beginn des Zweiten Weltkriegs O
4 Die Stunde, in der die Uhr von der Sommerzeit auf die Winterzeit umgestellt wird O

FRAGE 82

Was ging als »Schwarzer Freitag« in die Geschichte ein?

1 Ernennung Hitlers zum Reichskanzler 1933 O
2 Beginn des Zweiten Weltkriegs 1939 O
3 Ende des Zweiten Weltkriegs 1945 O
4 Börsencrash 1929 O

FRAGE 83

In welchem Land wurde Hitler geboren?

1 Deutschland

2 Schweiz

3 Österreich

4 Luxemburg

FRAGE 84

Welches war das erste Land, in das deutsche Truppen zu Beginn des Ersten Weltkriegs zogen?

1 Belgien O

2 Frankreich O

3 Niederlande O

4 Polen O

FRAGE 85

An welchen Weltkriegen beteiligten sich die USA ?

1 Nur am Ersten Weltkrieg O

2 Nur am Zweiten Weltkrieg O

3 Am Ersten Weltkrieg und am Zweiten Weltkrieg O

4 An keinem der beiden Weltkriege O

FRAGE 86

Woran starb Adolf Hitler?

1 Attentat beim sogenannten »Hitler-Putsch« O
2 Selbstmord im Führerbunker O
3 Todesstrafe nach den Nürnberger Prozessen O
4 Luftangriff auf Berlin O

FRAGE 87

Welcher Staat setzte in einem Krieg erstmals Atombomben ein?

1 Sowjetunion
2 Frankreich
3 USA
4 Großbritannien

FRAGE 88

Wie lautet der Nachname des Mannes, der sich ab 1936 in Spanien an die Macht putschte?

FRAGE 89

Wer oder was wurde von Kaiser Wilhelm II. und später auch den Nazis in der Weimarer Republik als »Quasselbude« geschmäht?

1 Reichsregierung O
2 Rundfunk/Radio O
3 Völkerbund O
4 Reichstag O

FRAGE 90

Wer profitierte von den sogenannten Ermächtigungsgesetzen in der Weimarer Republik?

1 Reichsregierung O
2 Reichspräsident O
3 Reichstag O
4 Reichsrat O

FRAGE 91

Welchen Ausspruch verbindet man mit der »Dolchstoßlegende« bezüglich des Ersten Weltkriegs?

1 »Im Felde unbesiegt« O
2 »Die Fahne hoch« O
3 »Völker, hört die Signale« O
4 »Einigkeit und Recht und Freiheit« O

FRAGE 92

Welche der folgenden Parteien war nicht im Reichstag der Weimarer Republik vertreten?

1 KPD O
2 SPD O
3 CDU O
4 NSDAP O

FRAGE 93

Mit dem Angriff auf welches Land begann für Deutschland der Zweite Weltkrieg?

FRAGE 94

In welcher Stadt hat sich dieses Ereignis abgespielt?

1 Moskau

2 Warschau

3 Paris

4 Berlin

FRAGE 95

In welcher deutschen Stadt fanden nach dem Zweiten Weltkrieg die Prozesse gegen die Hauptkriegsverbrecher statt?

FRAGE 96

Welches Land war 1942 nicht von Deutschland besetzt?

1 Frankreich O
2 Großbritannien O
3 Niederlande O
4 Polen O

FRAGE 97

Worauf gründet die Bezeichnung Weimarer Republik?

1 Die Verfassung wurde in Weimar verabschiedet. O
2 Der Regierungssitz war zunächst in Weimar. O
3 Der erste Reichspräsident, Friedrich Ebert, stammte aus Weimar. O
4 Das Reichsgericht befand sich in Weimar. O

FRAGE 98

Dieses Kunstwerk symbolisiert einen Kriegsschauplatz 1937. Durch wen erfolgte das Bombardement?

1 Französische Artillerie
2 Deutsche Luftwaffe
3 Britische Marine
4 US-amerikanische Streitkräfte

FRAGE 99

Welche Aussage ist richtig? Die Wehrmacht ...

1 war an vielen Kriegsverbrechen beteiligt. O
2 kämpfte ausschließlich gegen andere Soldaten. O
3 wurde nur zur Landesverteidigung eingesetzt. O
4 bestand bis zur Gründung der Bundeswehr fort. O

FRAGE 100

Wer war 1945 der letzte Reichspräsident des Deutschen Reiches?

1 Adolf Hitler O
2 Erich Raeder O
3 Karl Dönitz O
4 Erich von Manstein O

DIE FRAGEN BUNDESREPUBLIK UND DDR

FRAGE 101

Wie lautet der Nachname dieses Mannes?

FRAGE 102

Wann wurde die Bundeswehr gegründet?

1	1949	O
2	1945	O
3	1960	O
4	1955	O

FRAGE 103

Wie lautet der Nachname dieses Mannes?

FRAGE 104

Welcher führende deutsche Journalist wurde 1962/63 für drei Monate in U-Haft genommen?

1 Henri Nannen O
2 Rudolf Augstein O
3 Gerd Bucerius O
4 Axel Springer O

FRAGE 105

Welcher der genannten Bundeskanzler regierte mit einer Großen Koalition?

1 Helmut Schmidt O
2 Kurt Georg Kiesinger O
3 Ludwig Erhard O
4 Konrad Adenauer O

FRAGE 106

Wie heißt dieser Mann mit Nachnamen?

FRAGE 107

Wann wurde die Berliner Mauer gebaut?

1 23. Mai 1949

2 17. Juni 1953

3 13. August 1961

4 9. November 1989

FRAGE 108

Wann fanden die ersten freien Wahlen für die Volkskammer der DDR statt?

1 7. Mai 1989 O
2 1. Juli 1990 O
3 3. Oktober 1990 O
4 18. März 1990 O

FRAGE 109

Wie hieß der letzte Ministerpräsident der DDR, der der SED angehörte?

1 Erich Honecker O
2 Egon Krenz O
3 Gregor Gysi O
4 Hans Modrow O

FRAGE 110

Wo fand der erste Auslandseinsatz der Bundeswehr im Rahmen einer UN-Mission statt?

1 Somalia O
2 Kambodscha O
3 Afghanistan O
4 Balkan O

FRAGE 111

Welcher deutsche Minister trug bei seiner ersten Vereidigung im Parlament Turnschuhe?

1 Joschka Fischer
2 Jürgen Trittin
3 Oskar Lafontaine
4 Michael Vesper

FRAGE 112

Wie hieß das sozialpolitische Reformprogramm, das Bundeskanzler Gerhard Schröder im Jahr 2003 verkündet hat?

1 Hartz IV O
2 Hartz V O
3 Jobcenter O
4 Agenda 2010 O

FRAGE 113

Welcher deutsche Bundeskanzler wurde mit dem Friedensnobelpreis geehrt?

1 Willy Brandt O
2 Helmut Kohl O
3 Ludwig Erhard O
4 Helmut Schmidt O

FRAGE 114

Im Mai 1996 stimmten die Bürger von zwei Bundesländern über eine Fusion ab; das Projekt scheiterte. Welche Länder sollten vereinigt werden?

1 Hamburg und Schleswig-Holstein O
2 Niedersachsen und Bremen O
3 Berlin und Brandenburg O
4 Saarland und Rheinland-Pfalz O

FRAGE 115

Am 8. Mai 1985 hielt Bundespräsident Richard von Weizsäcker eine Rede zum 40. Jahrestag des Kriegsendes. Den 8. Mai 1945 bezeichnete er dabei als den Tag der ...

1 Befreiung.
2 deutschen Katastrophe.
3 totalen Niederlage.
4 Erlösung.

FRAGE 116

Welcher der genannten Politiker wurde nicht durch ein Attentat verletzt?

1 Wolfgang Schäuble O
2 Oskar Lafontaine O
3 Kurt Schumacher O
4 Rudi Dutschke O

FRAGE 117

Welche Partei verließ 1982 die Koalition mit der SPD, um ein neues Bündnis mit der Union zu schließen und Helmut Kohl zum Bundeskanzler zu wählen?

1 Grüne
2 NPD
3 FDP
4 Linke

FRAGE 118

Welcher Flugzeugtyp der Luftwaffe wurde in den Sechzigerjahren durch eine Serie von Abstürzen bekannt?

1 Phantom O
2 Starfighter O
3 Herkules O
4 CH-53 O

FRAGE 119

In der DDR lebten vor allem Migranten aus ...

1 Vietnam, Polen, Mosambik. O
2 Frankreich, Rumänien, Somalia. O
3 Chile, Ungarn, Simbabwe. O
4 Nordkorea, Mexiko, Ägypten. O

FRAGE 120

Aus welchem Land kamen die ersten Gastarbeiter/ Gastarbeiterinnen nach Deutschland?

1 Spanien O
2 Portugal O
3 Italien O
4 Türkei O

FRAGE 121

Gegen welches militärische Projekt des Westens kam es in den Achtzigerjahren zu Massendemonstrationen?

1 Bau des deutschen Kampfpanzers Leopard

2 Nachrüstung mit atomaren Mittelstreckenraketen

3 Lieferung von U-Booten an Israel

4 Entwicklung des Kampfflugzeugs Jäger 90

FRAGE 122

Auf welchem Parteitag bekannte sich die SPD in ihrem Programm zur marktwirtschaftlichen Ordnung der Bundesrepublik Deutschland?

1 Dortmund 1952 O
2 Mannheim 1995 O
3 Bad Godesberg 1959 O
4 Dresden 2009 O

FRAGE 123

Wie hieß der erste deutsche Bundespräsident?

1 Heinrich Lübke O
2 Karl Carstens O
3 Gustav Heinemann O
4 Theodor Heuss O

FRAGE 124

Wer wurde 1949 zum Präsidenten der DDR gewählt?

1 Wilhelm Pieck O
2 Walter Ulbricht O
3 Theodor Heuss O
4 Friedrich Ebert O

FRAGE 125

Wann wurde die DDR gegründet?

1	1947	O
2	1949	O
3	1953	O
4	1956	O

DIE FRAGEN
EUROPA UND DIE WELT SEIT 1945

FRAGE 126

Durch welche Verträge schloss sich die Bundesrepublik Deutschland mit anderen Staaten zur Europäischen Wirtschaftsgemeinschaft zusammen?

1 Römische Verträge O
2 Hamburger Verträge O
3 Pariser Verträge O
4 Londoner Verträge O

FRAGE 127

Welches Abkommen bedeutete einen großen Fortschritt in den Beziehungen zwischen Frankreich und der Bundesrepublik Deutschland?

1 Élysée-Vertrag O
2 Vertrag von Versailles O
3 Frankfurter Friede O
4 Grundlagenvertrag O

FRAGE 128

In welcher Stadt ereignete sich diese Szene?

FRAGE 129

Wer führte ab 1946 Krieg in Vietnam?

1 USA O
2 Nato O
3 Frankreich O
4 China O

FRAGE 130

Wer bekannte: »Ich bin ein Berliner«?

1 Ronald Reagan O
2 John F. Kennedy O
3 Michail Gorbatschow O
4 Christian Wulff O

FRAGE 131

Wer prägte den Satz: »Die Mutter aller Schlachten hat begonnen«?

1 George W. Bush O
2 Saddam Hussein O
3 Joseph Goebbels O
4 Winston Churchill O

FRAGE 132

Welches Land schoss den ersten Satelliten ins All?

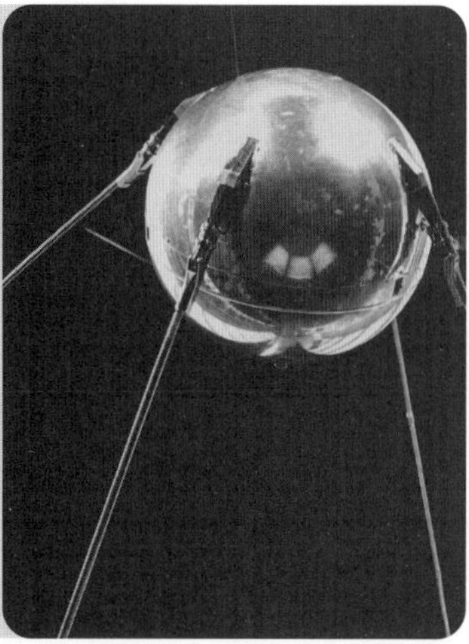

1 USA
2 Großbritannien
3 Sowjetunion
4 China

FRAGE 133

Wofür kämpfte Martin Luther King?

1 Gleichberechtigung der Frauen O
2 Ausweitung des Umweltschutzes O
3 Ende der Rassentrennung O
4 Verständigung der Völker O

FRAGE 134

Wo marschierten die Streitkräfte der Volksrepublik China im Jahr 1950 ein?

1 Tibet O
2 Hongkong O
3 Singapur O
4 Laos O

FRAGE 135

Bei welchem Ereignis stand die Welt 1962 am Rande eines Nuklearkriegs?

1 Berliner Mauerbau O
2 Prager Frühling O
3 Koreakrieg O
4 Kubakrise O

FRAGE 136

Welcher US-Präsident trat im Zuge der Watergate-Affäre zurück?

1 John F. Kennedy O
2 Lyndon B. Johnson O
3 Richard Nixon O
4 Gerald Ford O

FRAGE 137

Wer gewann den Sechs-Tage-Krieg 1967?

1 Ägypten O
2 Jordanien O
3 Israel O
4 Syrien O

FRAGE 138

Welcher Staat betrieb die Invasion in die »Schweinebucht«?

1 Russland

2 Deutschland

3 Kuba

4 USA

FRAGE 139

Welcher Rohstoff wurde im Jom-Kippur-Krieg 1973 als Druckmittel eingesetzt, indem die Liefermengen gedrosselt wurden?

1 Erdgas O
2 Erdöl O
3 Wasser O
4 Kohle O

FRAGE 140

Wer legte 1972 mit der Schrift »Die Grenzen des Wachstums« einen viel beachteten Bericht über Umweltzerstörung vor?

1 Greenpeace O
2 WWF (Word Wild Fund for Nature) O
3 Bernhard Grzimek O
4 Club of Rome O

FRAGE 141

In welchem Staat wurde mit Solidarność die erste unabhängige Gewerkschaft in einem Ostblockland gegründet?

1 Polen O
2 Ungarn O
3 DDR O
4 Tschechoslowakei O

FRAGE 142

Welche beiden Staaten stehen hinter dem Konflikt um Zypern?

1 Italien und Türkei
2 Griechenland und Mazedonien
3 Griechenland und Türkei
4 Russland und Türkei

FRAGE 143

Wer marschierte 1979 in Afghanistan ein?

1 USA O
2 Sowjetunion O
3 Nato O
4 China O

FRAGE 144

Welcher Staat erhielt in den Achtzigerjahren massive Militärhilfe von den USA?

1 Iran O
2 Irak O
3 Syrien O
4 Libanon O

FRAGE 145

In den Siebzigerjahren entspannte sich das Verhältnis zwischen den USA und China. Mit welchem Spiel werden die entsprechenden diplomatischen Bemühungen verbunden?

1 Poolbillard O
2 Pferderennen O
3 Pingpong O
4 Poker O

FRAGE 146

Wie heißt dieser Mann mit Nachnamen?

FRAGE 147

Welches Land hatte im 20. Jahrhundert eine Frau als Regierungschefin, deren Vater wenige Jahre zuvor ebenfalls Regierungschef war?

1 Irland O
2 Argentinien O
3 Großbritannien O
4 Indien O

FRAGE 148

Was bezweckt das sogenannte Kyoto-Protokoll?

1 Tierschutz O
2 Schutz der Weltmeere O
3 Schutz vor Atomwaffen O
4 Klimaschutz O

FRAGE 149

Welches Staatsoberhaupt hatte im 20. Jahrhundert die längste Amtszeit?

1 Rainier III. / Monaco O
2 Hirohito / Japan O
3 Castro / Kuba O
4 Kohl / Bundesrepublik Deutschland O

FRAGE 150

Wo wurde der Protest der Studenten 1968 maßgeblich von einem Mann bestimmt, der mehrere Jahre lang in Deutschland zur Schule gegangen war?

1	Frankreich	O
2	Tschechoslowakei	O
3	Polen	O
4	Österreich	O

DIE AUFLÖSUNG

VORGESCHICHTE BIS ANTIKE

FRAGE 1

Welcher römische Kaiser trat als Erster zum Christentum über?

Konstantin

FRAGE 2

Wie heißt dieser Mann?

Julius Caesar

FRAGE 3

Wie heißt die antike Stadt Konstantinopel heute?

Istanbul

FRAGE 4

Gegen wen siegten die Athener 490 v. Chr. bei Marathon?

Perser

FRAGE 5

Wie hieß der ägyptische Pharao, der die Verehrung des Sonnengottes Aton als alleinige Gottheit einführte?

Echnaton

FRAGE 6

Welcher griechische Philosoph wurde verurteilt, sich zu vergiften?

Sokrates

FRAGE 7

Die weltberühmte Büste welcher ägyptischen Königin steht in Berlin im Neuen Museum?

Nofretete

FRAGE 8

Wie hieß einer der Mörder des römischen Diktators Julius Caesar?

Brutus

FRAGE 9

Wie alt sind die jüngsten Spuren des Neandertalers in Europa?

28.000 Jahre

FRAGE 10

Was liegt in der europäischen Geschichte am wenigsten weit zurück?

Eisenzeit

FRAGE 11

Mit welchem militärischen Einsatz endete die römische Expansion in Germanien?

Varus-Schlacht (9 n. Chr.)

FRAGE 12

Welcher Apostel Christi gründete der Sage nach eine Gemeinde in Rom?

Petrus

FRAGE 13

Die Gründung Roms um 750 v. Chr. fand der Sage nach an jener Stelle statt, an der ein Zwillingspaar von einer Wölfin gesäugt wurde. Wie hießen die beiden?

Romulus und Remus

FRAGE 14

279 v. Chr. siegte der Hegemon von Epirus in Italien trotz großer Verluste gegen die Römer, scheiterte aber bei der Errichtung eines Königreichs in Süditalien. Heute spricht man deswegen vom ...

Pyrrhus-Sieg.

FRAGE 15

Wann endete das Weströmische Reich?

476 n. Chr.

FRAGE 16

Wie hieß die Grenzbefestigung, die von den Römern gegen die Germanen errichtet worden war?

Limes

FRAGE 17

Im Jahr 71 v. Chr. scheiterte ein Sklavenaufstand im Römischen Reich. Wie hieß der Anführer der Sklaven?

Spartakus

FRAGE 18

Welcher Feldherr zog im Krieg gegen die Römer mit Elefanten über die Alpen?

Hannibal

FRAGE 19

Wie heißt dieser antike Tempelbezirk?

Akropolis in Athen

FRAGE 20

Die alten Griechen befragten das Orakel von ...

Delphi.

FRAGE 21

Alexander der Große führte Krieg gegen die Perser. Wie endet der Merkspruch zur Schlacht bei Issos in Kleinasien?

333 – bei Issos ...

Keilerei

FRAGE 22

Welches Gebäude in Trier stammt noch aus der Römerzeit?

Porta Nigra

FRAGE 23

Was bezeichnet der Begriff »Scherbengericht«?

Die Bürger Athens ritzten den Namen eines unliebsamen Politikers auf eine Tonscherbe und verbannten ihn aus der Stadt.

FRAGE 24

Welcher Begriff bezeichnet ausgestorbene Vorfahren des heutigen Menschen?

Homo erectus

FRAGE 25

Aus welchem Material sind die ältesten bekannten Werkzeuge des Menschen?

Stein

MITTELALTER BIS FRÜHE NEUZEIT

FRAGE 26

Was wollte Christoph Kolumbus entdecken?

Indien

FRAGE 27

Der »Ausgang des Menschen aus seiner selbst verschuldeten Unmündigkeit« ist eine Forderung ...

der Aufklärung.

FRAGE 28

In welchem Jahrhundert endete das Mittelalter?

Die Wissenschaftler sind uneins. Als richtige Lösung können gelten: 14., 15. oder 16. Jahrhundert.

FRAGE 29

Wer wurde bei der sogenannten »Pippinischen Schenkung« bedacht?

Der Papst

FRAGE 30

Wer trat zum katholischen Christentum über?

König Chlodwig I.

FRAGE 31

Welche Staaten entstanden aus dem Reich von Karl dem Großen?

Frankreich und Deutschland

FRAGE 32

Wer errichtete Bauwerke wie die Festung Machu Picchu oder die Mauern in Cuzco im heutigen Peru?

Inka

FRAGE 33

In welchem Jahrhundert ist der Prophet Mohammed gestorben?

Im 7. Jahrhundert

FRAGE 34

Wer gründete im Mittelalter die ersten Schulen?

Die Klöster

FRAGE 35

Was wollten die Herrscher mit dem Begriff »Heiliges Römisches Reich Deutscher Nation« ausdrücken?

Dass sie in der Tradition des »Imperium Romanum« standen

FRAGE 36

Das Mittelalter war geprägt von der Beziehung von Herren zu Vasallen: Die Herren vergaben Grund und Boden oder bestimmte Rechte auf Lebenszeit. Diese Beziehung nennt man …

Lehnswesen.

FRAGE 37

Von welchem Kloster ging im Mittelalter eine wichtige Reform aus, die unter anderem mehr Frömmigkeit einforderte und die alleinige Entscheidungsgewalt der Kirche über die Vergabe von Kirchenämtern verlangte?

Cluny

FRAGE 38

Worum ging es beim Investiturstreit im Mittelalter?

Um die Amtseinsetzung von Geistlichen

FRAGE 39

Wie heißt der Mann, der 1066 England einnahm?

Wilhelm der Eroberer

FRAGE 40

Was war das Ziel des Ersten Kreuzzugs, zu dem Papst Urban II. im Jahr 1095 aufrief?

Rückeroberung Palästinas

FRAGE 41

Welcher Krankheit fiel Mitte des 14. Jahrhunderts vermutlich rund ein Drittel der Bevölkerung in Europa zum Opfer?

Pest

LÖSUNGEN

FRAGE 42

Welche Stadt war nicht Mitglied der Hanse?

München

FRAGE 43

Was bezeichnet das »Morgenländische Schisma« von 1054?

Trennung von West- und Ostkirche

FRAGE 44

Wer wurde durch einen Reisebericht über China bekannt?

Marco Polo

FRAGE 45

Was bedeutete die »Reichsacht«, die Kaiser Karl V. gegenüber Martin Luther ausgesprochen hat?

Luther darf von jedem straflos getötet werden.

FRAGE 46

Im Augsburger Religionsfrieden von 1555 wurde festgelegt:

Der jeweilige Landesherrscher entscheidet, welche Konfession gilt.

FRAGE 47

In welchem Jahr endete der Dreißigjährige Krieg? Bitte tragen Sie die Jahreszahl ein:

1648

FRAGE 48

Wie heißt die Augsburger Familie, die im Mittelalter durch ihre Geschäfte mit den Habsburgern, der Kirche und vielen Herrschern ein Finanzimperium aufbaute?

Fugger

FRAGE 49

Welches Ziel verfolgte Peter der Große?

Verwandlung Russlands in einen modernen Staat

FRAGE 50

Der Gegensatz welcher beiden Adelsgeschlechter prägte das Deutsche Reich im hohen Mittelalter?

Staufer und Welfen

FRANZÖSISCHE REVOLUTION BIS ERSTER WELTKRIEG

FRAGE 51

In welcher Stadt tagte 1848/49 die Deutsche Nationalversammlung?

Frankfurt am Main

FRAGE 52

Wo wurde 1871 das Deutsche Kaiserreich proklamiert?

Versailles

FRAGE 53

Welches Ereignis löste den Ersten Weltkrieg aus?

Attentat auf Erzherzog Franz Ferdinand am 28. Juni 1914 in Sarajevo

FRAGE 54

Für welche der folgenden Maßnahmen war Reichskanzler Bismarck nicht verantwortlich?

Für den Beginn des Marine-Wettrüstens mit Großbritannien

FRAGE 55

Welches der genannten Gebiete war keine Kolonie des Deutschen Kaiserreichs?

Madagaskar

FRAGE 56

Wer ist das?

Kaiser Wilhelm II.

FRAGE 57

Mit welchem Kriegsgegner schloss Deutschland im März 1918 einen Separatfrieden?

Russland

FRAGE 58

Die Leiche welcher Politikerin wurde 1919 im Berliner Landwehrkanal gefunden?

Rosa Luxemburg

FRAGE 59

1832 versammelten sich national gesinnte Bürger und Studenten beim ...

Hambacher Fest.

FRAGE 60

Welcher diplomatische Affront Bismarcks führte 1870 zum Deutsch-Französischen Krieg?

Emser Depesche

FRAGE 61

Bei welcher Veranstaltung wurden 1815 die Staaten Europas neu geordnet?

Wiener Kongress

FRAGE 62

Woher stammen die nationalen Symbolfarben Schwarz-Rot-Gold?

Farben des Lützowschen Freikorps aus den Befreiungskriegen 1813

FRAGE 63

In welchem Jahr regierten im 19. Jahrhundert gleich drei deutsche Kaiser?

1888

FRAGE 64

Wessen Ermordung ging 1819 den Karlsbader Beschlüssen voraus, mit denen die liberalen und nationalen Tendenzen in Europa bekämpft werden sollten?

Russischer Generalkonsul August von Kotzebue in Mannheim

FRAGE 65

Welche politische Bewegung bekämpfte Europas Regenten im späten 19. Jahrhundert mit Terroranschlägen?

Anarchisten

FRAGE 66

Nach welcher Schlacht gründete Henry Dunant das Rote Kreuz?

Solferino 1859

FRAGE 67

Wann wurde Elsass-Lothringen vom Deutschen Reich annektiert, wann wurde es völkerrechtlich wieder mit Frankreich vereint?

1871/1919

FRAGE 68

Wer war dieser Mann?

Der österreichische Außenminister Fürst von Metternich

FRAGE 69

Welche Epoche wird heute als »Gründerzeit« bezeichnet?

Die Jahre vor dem Börsencrash 1873

FRAGE 70

Nennen Sie den Namen dieses Mannes!

Napoleon

FRAGE 71

Die Sklaverei in den USA endete mit der Niederlage der Südstaaten im Bürgerkrieg. Wann?

1865

FRAGE 72

Welcher Politiker reformierte zu Beginn des 19. Jahrhunderts das preußische Bildungswesen?

Wilhelm von Humboldt

FRAGE 73

Wann trat das Bürgerliche Gesetzbuch in Kraft?

1900

FRAGE 74

Mit welchem Instrument wurden viele Menschen während der Französischen Revolution hingerichtet?

Guillotine

FRAGE 75

»Die Menschen werden frei und gleich an Rechten geboren und bleiben es.« – Dies ist der erste Artikel …

der französischen Menschenrechtserklärung von 1789.

LÖSUNGEN

WEIMARER REPUBLIK BIS ZWEITER WELTKRIEG

FRAGE 76

Claus Schenk Graf von Stauffenberg wurde bekannt durch ...

das Attentat auf Hitler am 20. Juli 1944.

FRAGE 77

Was passierte am 9. November 1938 in Deutschland?

Jüdische Geschäfte und Synagogen wurden durch Nationalsozialisten und ihre Anhänger zerstört.

FRAGE 78

Wo war die britische Besatzungszone? Bitte tragen Sie die Ziffer ein:

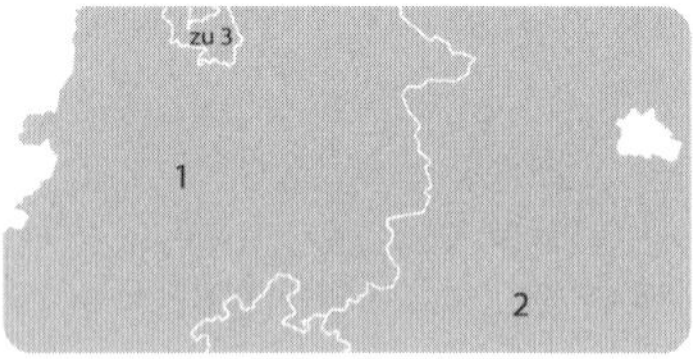

1

FRAGE 79

Vom Juni 1948 bis zum Mai 1949 wurden die Bürger und Bürgerinnen von Westberlin durch eine Luftbrücke versorgt. Welcher Umstand war dafür verantwortlich?

Die Sowjetunion unterbrach den gesamten Verkehr auf dem Landwege.

FRAGE 80

Welche Parteien wurden 1946 zwangsweise zur SED vereint, der Einheitspartei der späteren DDR?

KPD und SPD

FRAGE 81

Was nannten die Menschen in Deutschland sehr lange »die Stunde null«?

Das Ende des Zweiten Weltkriegs und den Beginn des Wiederaufbaus

FRAGE 82

Was ging als »Schwarzer Freitag« in die Geschichte ein?

Börsencrash 1929

FRAGE 83

In welchem Land wurde Hitler geboren?

Österreich

FRAGE 84

Welches war das erste Land, in das deutsche Truppen zu Beginn des Ersten Weltkriegs zogen?

Belgien

FRAGE 85

An welchen Weltkriegen beteiligten sich die USA?

Am Ersten und am Zweiten Weltkrieg

FRAGE 86

Woran starb Adolf Hitler?

Selbstmord im Führerbunker

FRAGE 87

Welcher Staat setzte in einem Krieg erstmals Atombomben ein?

USA

FRAGE 88

Wie lautet der Nachname des Mannes, der sich ab 1936 in Spanien an die Macht putschte?

Franco

FRAGE 89

Wer oder was wurde von Kaiser Wilhelm II. und später auch den Nazis in der Weimarer Republik als »Quasselbude« geschmäht?

Reichstag

FRAGE 90

Wer profitierte von den sogenannten Ermächtigungsgesetzen in der Weimarer Republik?

Reichsregierung

FRAGE 91

Welchen Ausspruch verbindet man mit der »Dolchstoßlegende« bezüglich des Ersten Weltkriegs?

»Im Felde unbesiegt«

FRAGE 92

Welche der folgenden Parteien war nicht im Reichstag der Weimarer Republik vertreten?

CDU

FRAGE 93

Mit dem Angriff auf welches Land begann für Deutschland der Zweite Weltkrieg?

Polen

FRAGE 94

In welcher Stadt hat sich dieses Ereignis abgespielt?

Berlin

FRAGE 95

In welcher deutschen Stadt fanden nach dem Zweiten Weltkrieg die Prozesse gegen die Hauptkriegsverbrecher statt?

Nürnberg

FRAGE 96

Welches Land war 1942 nicht von Deutschland besetzt?

Großbritannien

FRAGE 97

Worauf gründet die Bezeichnung Weimarer Republik?

Die Verfassung wurde in Weimar verabschiedet.

FRAGE 98

Dieses Kunstwerk symbolisiert einen Kriegsschauplatz 1937. Durch wen erfolgte das Bombardement?

Deutsche Luftwaffe
(Kunstwerk: Picassos »Guernica«)

FRAGE 99

Welche Aussage ist richtig? Die Wehrmacht ...

war an vielen Kriegsverbrechen beteiligt.

FRAGE 100

Wer war 1945 der letzte Reichspräsident des Deutschen Reiches?

Karl Dönitz

BUNDESREPUBLIK UND DDR

FRAGE 101

Wie lautet der Nachname dieses Mannes?

Adenauer

FRAGE 102

Wann wurde die Bundeswehr gegründet?

1955

FRAGE 103

Wie lautet der Nachname dieses Mannes?

Brandt

FRAGE 104

Welcher führende deutsche Journalist wurde 1962/63 für drei Monate in U-Haft genommen?

Rudolf Augstein

FRAGE 105

Welcher der genannten Bundeskanzler regierte mit einer Großen Koalition?

Kurt Georg Kiesinger

FRAGE 106

Wie heißt dieser Mann mit Nachnamen?

Ulbricht

FRAGE 107

Wann wurde die Berliner Mauer gebaut?

13. August 1961

FRAGE 108

Wann fanden die ersten freien Wahlen für die Volkskammer der DDR statt?

18. März 1990

FRAGE 109

Wie hieß der letzte Ministerpräsident der DDR, der der SED angehörte?

Hans Modrow

FRAGE 110

Wo fand der erste Auslandseinsatz der Bundeswehr im Rahmen einer UN-Mission statt?

Kambodscha

FRAGE 111

Welcher deutsche Minister trug bei seiner ersten Vereidigung im Parlament Turnschuhe?

Joschka Fischer

FRAGE 112

Wie hieß das sozialpolitische Reformprogramm, das Bundeskanzler Gerhard Schröder im Jahr 2003 verkündet hat?

Agenda 2010

FRAGE 113

Welcher deutsche Bundeskanzler wurde mit dem Friedensnobelpreis geehrt?

Willy Brandt

FRAGE 114

Im Mai 1996 stimmten die Bürger von zwei Bundesländern über eine Fusion ab; das Projekt scheiterte. Welche Länder sollten vereinigt werden?

Berlin und Brandenburg

FRAGE 115

Am 8. Mai 1985 hielt Bundespräsident Richard von Weizsäcker eine Rede zum 40. Jahrestag des Kriegsendes. Den 8. Mai 1945 bezeichnete er dabei als den Tag der ...

Befreiung.

FRAGE 116

Welcher der genannten Politiker wurde nicht durch ein Attentat verletzt?

Kurt Schumacher

FRAGE 117

Welche Partei verließ 1982 die Koalition mit der SPD, um ein neues Bündnis mit der Union zu schließen und Helmut Kohl zum Bundeskanzler zu wählen?

FDP

FRAGE 118

Welcher Flugzeugtyp der Luftwaffe wurde in den Sechzigerjahren durch eine Serie von Abstürzen bekannt?

Starfighter

FRAGE 119

In der DDR lebten vor allem Migranten aus ...

Vietnam, Polen, Mosambik.

FRAGE 120

Aus welchem Land kamen die ersten Gastarbeiter/Gastarbeiterinnen nach Deutschland?

Italien

FRAGE 121

Gegen welches militärische Projekt des Westens kam es in den Achtzigerjahren zu Massendemonstrationen?

Nachrüstung mit atomaren Mittelstreckenraketen

FRAGE 122

Auf welchem Parteitag bekannte sich die SPD in ihrem Programm zur marktwirtschaftlichen Ordnung der Bundesrepublik Deutschland?

Bad Godesberg 1959

FRAGE 123

Wie hieß der erste deutsche Bundespräsident?

Theodor Heuss

FRAGE 124

Wer wurde 1949 zum Präsidenten der DDR gewählt?

Wilhelm Pieck

FRAGE 125

Wann wurde die DDR gegründet?

1949

EUROPA UND DIE WELT SEIT 1945

FRAGE 126

Durch welche Verträge schloss sich die Bundesrepublik Deutschland mit anderen Staaten zur Europäischen Wirtschaftsgemeinschaft zusammen?

Römische Verträge

FRAGE 127

Welches Abkommen bedeutete einen großen Fortschritt in den Beziehungen zwischen Frankreich und der Bundesrepublik Deutschland?

Élysée-Vertrag

FRAGE 128

In welcher Stadt ereignete sich diese Szene?

Warschau

FRAGE 129

Wer führte ab 1946 Krieg in Vietnam?

Frankreich

FRAGE 130

Wer bekannte: »Ich bin ein Berliner«?

John F. Kennedy

FRAGE 131

Wer prägte den Satz: »Die Mutter aller Schlachten hat begonnen«?

Saddam Hussein

FRAGE 132

Welches Land schoss den ersten Satelliten ins All?

Sowjetunion

FRAGE 133

Wofür kämpfte Martin Luther King?

Ende der Rassentrennung

FRAGE 134

Wo marschierten die Streitkräfte der Volksrepublik China im Jahr 1950 ein?

Tibet

FRAGE 135

Bei welchem Ereignis stand die Welt 1962 am Rande eines Nuklearkriegs?

Kubakrise

FRAGE 136

Welcher US-Präsident trat im Zuge der Watergate-Affäre zurück?

Richard Nixon

FRAGE 137

Wer gewann den Sechs-Tage-Krieg 1967?

Israel

FRAGE 138

Welcher Staat betrieb die Invasion in die »Schweinebucht«?

USA

FRAGE 139

Welcher Rohstoff wurde im Jom-Kippur-Krieg 1973 als Druckmittel eingesetzt, indem die Liefermengen gedrosselt wurden?

Erdöl

FRAGE 140

Wer legte 1972 mit der Schrift »Die Grenzen des Wachstums« einen viel beachteten Bericht über Umweltzerstörung vor?

Club of Rome

FRAGE 141

In welchem Staat wurde mit Solidarność die erste unabhängige Gewerkschaft in einem Ostblockland gegründet?

Polen

FRAGE 142

Welche beiden Staaten stehen hinter dem Konflikt um Zypern?

Griechenland und Türkei

FRAGE 143

Wer marschierte 1979 in Afghanistan ein?

Sowjetunion

FRAGE 144

Welcher Staat erhielt in den Achtzigerjahren massive Militärhilfe von den USA?

Irak

FRAGE 145

In den Siebzigerjahren entspannte sich das Verhältnis zwischen den USA und China. Mit welchem Spiel werden die entsprechenden diplomatischen Bemühungen verbunden?

Pingpong

FRAGE 146

Wie heißt dieser Mann mit Nachnamen?

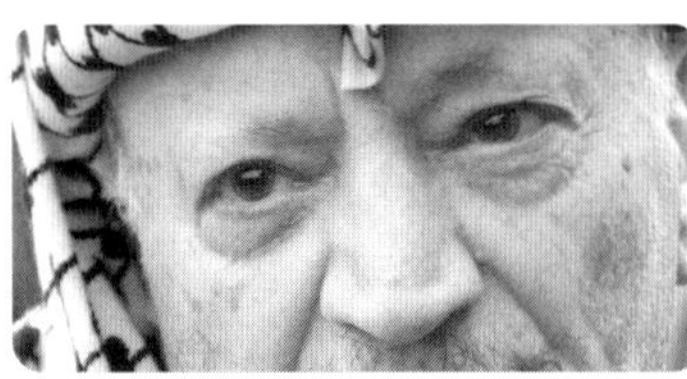

Arafat

FRAGE 147

Welches Land hatte im 20. Jahrhundert eine Frau als Regierungschefin, deren Vater wenige Jahre zuvor ebenfalls Regierungschef war?

Indien (Indira Gandhi)

FRAGE 148

Was bezweckt das sogenannte Kyoto-Protokoll?

Klimaschutz

FRAGE 149

Welches Staatsoberhaupt hatte im 20. Jahrhundert die längste Amtszeit?

Hirohito /Japan

FRAGE 150

Wo wurde der Protest der Studenten 1968 maßgeblich von einem Mann bestimmt, der mehrere Jahre lang in Deutschland zur Schule gegangen war?

Frankreich (Daniel Cohn-Bendit)

WAS WIR WISSEN – UND WAS NICHT

WARUM DAS WISSEN ÜBER DIE GESCHICHTE SO WICHTIG IST – UND WAS DER GROSSE SPIEGEL-TEST ÜBER UNSERE ALLGEMEINBILDUNG AUSSAGT

Drei Wörter sind es, die immer wieder die Debatte über die Geschichtskenntnisse der Deutschen befeuern. Weil sich immer wieder ein Dummer findet, der sie nichts ahnend verwendet. Bis dann die öffentliche Empörung so groß wird, dass er wortreich um Entschuldigung bittet. Die drei Wörter lauten »Jedem das Seine« und dienten schon als Werbespruch für mancherlei: die neue Startseite eines Internet-Suchdienstes (Yahoo), den Protest gegen Gemeinschaftsschulen in Nordrhein-Westfalen (CDU-Nachwuchs Schülerunion) oder auch Grillzubehör (Rewe), Bürosoftware (Microsoft) und Handys (Nokia).
Dumm nur, dass auch die Nazis die Wörter verwendet haben, auf ihre eigene, schreckliche Art. In geschmiedeten Großbuchstaben stand der Spruch am Eingangstor des Konzentrationslagers Buchenwald. Von außen spiegelverkehrt und von innen problemlos lesbar – die Bauherren bewiesen auch hier ihre fürchterliche Konsequenz. Die Menschen, die diese Wörter in jüngerer Zeit nutzen wollten, wussten davon offenbar nichts. »Wir bedauern diesen Fehler sehr und bitten unsere historische Unwissenheit diesbezüglich zu entschuldigen«, erklärte etwa der Landesvorsitzende der nordrhein-westfälischen Schüler-

union 2009. Die Unwissenheit reichte dabei weit über Buchenwald hinaus, denn die drei Wörter haben eine viel längere Geschichte. Suum cuique ist ein alter Rechtsgrundsatz, zurückgehend auf Platon und formuliert unter anderem von Cicero.

Deshalb ist es durchaus umstritten, ob der Spruch seit der Nazizeit für immer kontaminiert ist. Salomon Korn, langjähriger Vizepräsident des Zentralrats der Juden in Deutschland, hat eine Werbekampagne mit diesen Worten als »nicht zu überbietende Geschmacklosigkeit« oder Ausweis »totaler Geschichtsunkenntnis« bezeichnet. Andere hingegen sähen es als späten Sieg der Nationalsozialisten, wenn nun niemand mehr diese Worte benutzen dürfe. Der Autor Henryk M. Broder, dessen Eltern in Konzentrationslagern eingesperrt waren, nannte 1999 ein Buch genau so: »Jedem das Seine«. Wie auch immer man sich in dieser Debatte positioniert – unbewusst für eine Werbekampagne sollten die drei Wörter jedenfalls nicht verwendet werden.

Ohne Wert waren die rhetorischen Fehlleistungen der Werbeagenturen, Unternehmen oder Nachwuchspolitiker dennoch nicht, weil es kaum ein besseres Beispiel dafür geben könnte, wie Geschichte in unserer Gegenwart plötzlich eine Bedeutung erlangen kann und wie wichtig darum das Wissen über Vergangenes auch heute noch ist. Nichts von der Geschichte zu verstehen – das mag normalerweise nicht weiter peinlich sein, allenfalls einem selbst, wenn man denn mit einem gewissen Anspruch durchs Leben geht. Vor anderen lässt sich historischer Analphabetismus ganz gut verbergen, denn die meisten Partygespräche drehen sich ums aktuelle Wetter und nicht um die politischen Großwetterlagen vor Jahren oder Jahrzehnten. Suum cuique aber macht deutlich, dass wir bewusst oder eben unbewusst mit einer Geschichte verbunden

sind, die Jahrtausende zurückreicht. Wer die Vergangenheit nicht kennt, ist in der Gegenwart dann schnell orientierungslos.
Wie aber ist es um die historische Bildung in Deutschland bestellt? Die SPIEGEL-Redaktion wollte es genauer wissen und führte im Herbst 2010 ihren großen Wissenstest durch. Hunderte Fragen zu Geschichte, Politik und Gesellschaft hatten die Redakteure entworfen, 300 davon wurden in einem Vortest mit mehreren Tausend Teilnehmern überprüft. Die Redaktion stellte daraufhin den endgültigen Fragenkatalog zusammen. Rund eine Viertelmillion Menschen machte mit, nachdem SPIEGEL ONLINE und studiVZ auf den Test hingewiesen hatten. Die Teilnehmer beantworteten jeweils eine Auswahl von 45 Fragen. Dieses Buch stellt die Ergebnisse aus dem Bereich Geschichte vor; alle Analysen beruhen auf den Angaben von 131 449 Teilnehmern aus dem Oktober 2010.
Die Fragen variierten von kinderleicht bis knifflig. Dementsprechend unterschiedlich fielen die Ergebnisse aus. 90 Prozent der Teilnehmer wussten, dass der erste Satellit von der Sowjetunion ins All geschossen wurde (Frage 132). Ebenso viele konnten das Land benennen, das von Deutschland zu Beginn des Zweiten Weltkriegs angegriffen wurde, nämlich Polen (Frage 93). Nur gut ein Drittel der Teilnehmer hingegen vermochte zu sagen, dass Belgien das erste Land war, in das deutsche Truppen zu Beginn des Ersten Weltkriegs zogen (Frage 84). Und ebenso lag nur eine Minderheit richtig, als nach den Ermächtigungsgesetzen in der Weimarer Republik gefragt wurde. Wer davon profitierte? Nur ein knappes Drittel nannte die Reichsregierung (Frage 90). Im Durchschnitt schlugen sich die Teilnehmer durchaus wacker: Etwas mehr als die Hälfte aller Geschichtsfragen wurde richtig beantwortet, genau 58 Prozent.

Das heißt freilich nicht, dass der Test nicht auch eklatante Wissenslücken offenbart hätte. Sie zeigen sich etwa bei einer Aufgabe, die mit freundlicher Genehmigung des Bundesinnenministeriums in diesem Buch versteckt ist und sich zugleich auch im Einbürgerungstest findet. Der deutsche Staat überprüft damit die »Kenntnisse der Rechts- und Gesellschaftsordnung und der Lebensverhältnisse in Deutschland«. Von den Teilnehmern des SPIEGEL-Wissenstests sind die meisten Deutsche – müsste man jene, die die Fragen aus dem Einbürgerungstest nicht beantworten können, eigentlich ausbürgern?
Insgesamt fünf Aufgaben in diesem Buch sind dem Einbürgerungstest entlehnt. Bei vier Aufgaben schnitten die Teilnehmer des Wissenstests noch ganz ordentlich ab, mindestens sieben von zehn gaben die richtige Antwort, immerhin. Es handelt sich um die Fragen nach den Ereignissen am 9. November 1938 (Frage 77) und der Lage der britischen Besatzungszone (Frage 78) sowie der Herkunft vieler Migranten in der DDR (Frage 119) und der erste Gastarbeiter in der Bundesrepublik (Frage 120). Bei der fünften Frage aus dem Einbürgerungstest aber versagte fast die Hälfte der Menschen, die beim Wissenstest mitmachten. Durch welche Verträge schloss sich die Bundesrepublik Deutschland mit anderen Staaten zur Europäischen Wirtschaftsgemeinschaft zusammen (Frage 126)? Einige wenige tippten auf Hamburger oder Londoner Verträge, mehr als ein Drittel der Teilnehmer auf Pariser Verträge. Alles falsch. Für die richtige Antwort – die Römischen Verträge – entschieden sich nur 54 Prozent der Teilnehmer, also knapp mehr als die Hälfte. Unter den Jüngeren bis zum Alter von 30 Jahren waren es nur 42 Prozent. Von den Frauen wussten es nur 36 Prozent. Selbst Studentinnen lagen mit 37 Prozent kaum besser. Mit anderen Worten: Ein großer Teil der deutschen Be-

völkerung hat einen Mangel an Kenntnissen der Rechts- und Gesellschaftsordnung und der Lebensverhältnisse in Deutschland.

Solche Klagen sind nicht neu, immer wieder wurden sie in den vergangenen Jahren durch Umfragen oder Studien befeuert. Vor allem Schüler geraten dann in die Kritik, weil sie angeblich gar nichts mehr wissen. »Historische Bildung ist ein Phantom«, schreibt etwa der Diplom-Psychologe Thomas Städtler in seinem Buch »Die Bildungshochstapler«. Stelle man einige Verständnisfragen, so Städtler, »dann entlarvt sich die Idee der schulischen Geschichtsbildung als Illusion«. Ein Vorwurf, der selbst eine lange Geschichte hat. Im Mai 1959 etwa berichtete der SPIEGEL über die Fernsehreihe »Blick auf unsere Jugend« von Jürgen Neven-du Mont, der zwölf Oberklassen von Gymnasien, Mittelschulen, Volksschulen und Berufsschulen in vier Bundesländern zu wichtigen Personen der Geschichte befragt hatte. Als Antworten habe er zu hören bekommen: »Hitler hat für das deutsche Volk viel getan. Es war nur schlecht, dass er wahnsinnig geworden ist.« Über Walter Ulbricht habe noch weniger Klarheit geherrscht, wogegen der Name Chruschtschow manchen durchaus ein Begriff gewesen sei. »Einer rechnete ihn, neben Hindenburg und Marschall Tito, dem nationalsozialistischen Führerkorps zu, ein anderer degradierte ihn zum Staatschef der DDR«, berichtete der SPIEGEL 1959.

Fast ein halbes Jahrhundert später klang der damalige Bundespräsident dieser Republik nicht wesentlich anders, als er seine Eröffnungsrede auf dem 47. Deutschen Historikertag in Dresden hielt. »Immer wieder weisen aktuelle Studien auf erschreckende Lücken in der historischen Bildung vor allem von jungen Menschen hin«, sagte Horst Köhler im September 2008. »Da geht es nicht um Defizite an Auswendiggelerntem, Aufsagbarem, obwohl auch die

Kenntnis der einen oder anderen Jahreszahl noch niemandem geschadet hat; nein, die Untersuchungen offenbaren einen beunruhigenden Mangel an Wissen über die jüngste deutsche Geschichte.« Demokratisches Bewusstsein aber setze Wissen voraus. »Wo dieses Wissen fehlt, da haben Extremisten von links und rechts leichtes Spiel«, sagte der Bundespräsident, »auch um das zu verhindern, ist guter Geschichtsunterricht unverzichtbar.«

Wie aber ist es um den Geschichtsunterricht in Deutschland bestellt? Früher galt das Fach als Paradebeispiel für Paukerei. Als einzige Hilfsmittel dienten Schulbücher und Landkarten. Bekannt ist die Szene aus der »Feuerzangenbowle«, als Johannes Pfeiffer – mit drei F – seinem Mitschüler trickreich helfen will, von der Wanderung der Goten zu erzählen. »Bis in die Sechzigerjahre war der Unterricht sehr stark faktenorientiert«, sagt der Mainzer Pädagoge Peter Lautzas, Vorsitzender des Verbands der Geschichtslehrer Deutschlands. Dabei sei es fast ausschließlich »um Politik- und Kriegsgeschichte, um Schlachten und Verträge« gegangen. Ein Aufbruch sei dann in den Siebzigern erfolgt, als die politische Bildung in den Mittelpunkt gerückt und die Neuere Geschichte stärker in den Blick genommen worden sei. Heute werde Geschichte in einem viel weiteren Sinne als früher verstanden, auch Kultur-, Wirtschafts- oder Alltagsgeschichte seien Thema im Unterricht. »Die Didaktik muss aber noch aktuelle Themen erschließen, etwa Globalisierung oder Migration, das liegt noch vor uns«, sagt Lautzas.

Bleibt die Frage, was die Schüler denn im Geschichtsunterricht wirklich lernen. »Wie steht es um die Ergebnisse des schulischen Geschichtsunterrichts?«, fragt der Historiker Michael Sauer, Professor für Didaktik der Geschichte in Göttingen, in seinem Buch »Geschichte unterrichten«. Und gibt gleich im nächsten Satz eine sehr zurückhaltende Antwort: Es sei »eher Pessimismus angebracht«. Sauer empfiehlt die Diskussion darüber, »ob im Geschichtsunterricht nicht einer chronologischen Groborientierung, aber auch der Festigung und Wiederholung mehr Aufmerksamkeit gewidmet werden muss, als dies im Moment geschieht«. Einschlägige Untersuchungen zeigten, dass die Schüler nur lückenhafte Kenntnisse von Daten und Fakten hätten. Tröstlich immerhin: Früher war nicht alles besser. Mit den Kenntnissen hat es, schreibt Sauer, auch »zu Zeiten eines klassischen ›Paukunterrichts‹ nie so gut ausgesehen, wie man es vielleicht vermuten könnte«.

Wie es mit dem historischen Wissen heute aussieht, hat der große SPIEGEL-Geschichtstest gezeigt. 58 Prozent richtige Antworten – der Durchschnittswert für alle Geschichtsfragen – sind gar nicht so schlecht. Das Glas ist mehr als nur halb voll, aber nur ein bisschen. Mancher mag erleichtert sein, weil er im Vergleich ganz gut dasteht und sein Wissen zumindest überdurchschnittlich ist. Anderen möge der Test ein Ansporn sein.

»DAS KLEINE EINMALEINS DER GESCHICHTE«

Ein Gespräch mit dem TV-Moderator Johannes B. Kerner über Wissenswertes von der Gründung Roms bis Lady Gaga

Herr Kerner, Sie haben mehrfach die Sendung »Wie schlau ist Deutschland?« moderiert. Jetzt sagen Sie uns doch mal: Wie dumm sind wir Deutschen denn?
Einigermaßen gebildet, würde ich sagen. Wobei die größere Frage lautet, was das eigentlich ist: Bildung. In den Fernsehsendungen und auch in Ihrem Test geht's ja um Wissen. Bildung und Wissen sind sicherlich nicht identisch ...

... aber es gibt eine Schnittmenge.
Ja, die gibt es. Ich glaube, dass viele Leute an Wissen interessiert sind und viel draufhaben. Aber das, was für mich mit Bildung zu tun hat, wird weniger. Mein Eindruck ist, dass die nachwachsenden Generationen – ich sag's mal vorsichtig – eher andere Talente haben. Vergleichen Sie einen 18-Jährigen und einen 80-Jährigen, da gibt es enorme Unterschiede. Ich rede manchmal mit meinen Eltern darüber: Die sind schon ein bisschen traurig, dass die Form von Wissen, die sie haben, nicht mehr in dem Maße gefragt ist.

Welches Wissen meinen Sie?
Mein Vater ist Romanist und Germanist, und später ist er Ministerialbeamter geworden. Wenn ich den frage: Sag mal, der Richter Adam aus dem »Zerbrochnen Krug«, welche Ausrede hatte der noch mal? Dann steht mein Vater auf, geht zum Bücherschrank und holt zwei verschiedene Ausgaben vom »Zerbrochnen Krug«. In einer findet er ganz schnell die entsprechende Stelle: dass die Katze in die Perücke gejungt hat. Aber er erzählt mir auch, dass

die andere eine Erstausgabe ist und wie er sie erstanden hat. Solches Wissen aber ist heute kaum noch gefragt, das lässt sich doch alles mit einem Knopfdruck bei Google rausfinden: Richter Adam, »zerbrochner Krug«, Perücke – eine Sache von vier Sekunden.

Ist das so schlimm?
Schlimm ist nicht meine Kategorie. Es geht aber viel verloren. Ein anderes Beispiel: Rossini, die Ouvertüre zu »Wilhelm Tell«, das kann ich googeln und weiß dann, wann Rossini gelebt hat und wann er sie geschrieben hat. Aber die Melodie im Ohr zu haben, sie mitsingen oder mitsummen zu können, und dann noch zu wissen, dass der Geigenbogen nicht immer nur gestrichen wird, sondern manchmal hüpft – das macht doch Spaß. Vielleicht hat man sogar noch Erinnerungen, dass man die Oper einmal gehört hat, und erinnert sich auch noch an die entsprechende Reise. Mein Vater sagt: Das ist das schöne Wissen. Ob das nützlich ist, ist eine andere Sache; und ob man damit Geld verdienen kann, ist für ihn völlig außerhalb der Bewertung. Aber es ist ein schönes Wissen, es macht froh.

Das schöne Wissen zeichnet sich auch dadurch aus, dass man Zusammenhänge herstellen kann. In den Tests werden aber Fakten abgefragt: Jahreszahlen, Stichworte, Namen.
Ich lerne jetzt bei meiner Tochter, dass diese Jahreszahlen, die man in der Schule immer völlig bescheuert findet, ein Gerüst für das Verständnis sind. So etwas wie: Sieben, fünf, drei ...

... Rom schlüpft aus dem Ei.
Ja, es hilft mir doch, wenn ich wesentliche Daten und Fakten präsent habe. Wie lange die römische Herrschaft

dann dauerte, was später folgte, Völkerwanderung zum Beispiel, und dann Fragen wie: Warum heißen die einen Westgoten, die anderen Ostgoten, wo sie doch beide erst mal Richtung Süden gewandert sind.

Solche Merksprüche, wie Sie sie erwähnt haben, hat es ja immer gegeben. Drei, drei, drei ...
... bei Issos Keilerei. Einige Daten sollte man schon präsent haben. 14 bis 18 Erster Weltkrieg, 39 bis 45 Zweiter Weltkrieg, auch 61 bis 89 Berliner Mauer – das kann man wissen, das ist das kleine Einmaleins der Geschichte.

Kann man es wissen oder muss man es wissen?
Lieber würde ich sagen: Das muss man wissen. Aber ich weiß, dass das nicht stimmt. Dennoch ist es doch keine Schande, einige Dinge im Kopf zu haben – dass Deutschland 16 Bundesländer hat oder wie die Landeshauptstädte heißen. Wüssten Sie von allen Bundesländern die Regierungskoalition? Können Sie die letzten zehn amerikanischen Präsidenten aufzählen? Wie heißt Frau Lieberknecht mit Vornamen und von welchem Bundesland ist sie Ministerpräsidentin?

Moment, heute dürfen wir mal Fragen stellen, nicht Sie!
Okay. Das alles muss man natürlich nicht beantworten können, kann man aber ruhig mal. Es hat ja seinen Wert, auch wenn es das Einkommen nicht erhöht.

Außer in den Fernsehshows, wenn man dann eine Million Euro gewinnt.
Ja, da schon.

Warum sind Quizshows im Fernsehen so erfolgreich?
Spielshows hat es immer schon gegeben, die Wissensquiz

sind eine Erscheinung der späten Achtzigerjahre, frühen Neunzigerjahre im weltweiten Fernsehen. Ich glaube, dass sie auch noch lange leben werden. Diese Quizsendungen mit ganz normalen Zuschauern im Ratestand, die leben vom thrilling moment: Es geht um viel Geld. Aber natürlich leben sie auch von dem Effekt, dass manche bei den simpelsten Fragen scheitern, dass also der Zuschauer einen Tick mehr weiß als derjenige auf dem Stuhl. Bei »Wer wird Millionär?« ist das Prinzip: Die ersten fünf Fragen sind lustig, die zweiten fünf sind von einem Schwierigkeitsgrad: kann man wissen, muss man nicht. Die letzten fünf sind eigentlich unlösbar. Der neueste Trend ist das Duell Mann gegen Mann, durchaus auch körperlich wie bei »Schlag den Raab«. Das funktioniert weltweit sehr gut, bei den Japanern geht es noch ein bisschen härter zur Sache.

Vor einiger Zeit haben Sie selbst an einer Frageshow im Fernsehen teilgenommen, dem »Quiz der Deutschen« mit Frank Plasberg. Hatten Sie keine Angst vor der Blamage?
Ach was, die Fragen waren ja teilweise so weit weg vom normalen Wissen, dass es einen adelte, wenn man etwas nicht wusste.

Welche meinen Sie?
Unter welchen Pseudonymen Dieter Bohlen schon Musik gemacht hat? Das wusste ich nicht, es ist ja auch nicht wichtig. Und im Übrigen ist etwas nicht zu wissen ja auch immer Ansporn, sich mit einer Sache intensiver zu beschäftigen.

Wie viele machen das wirklich?
Das weiß ich nicht, aber wenn man die Anlage hat, seine Interessen zu leben, dann funktioniert das. Es gibt ja das Volkshochschulprinzip des lebenslangen Lernens. Ich könn-

te mir lebhaft vorstellen, noch mal zu studieren oder eine Sprache zu lernen, nur weil mich das interessiert. Sudoku allein reicht nicht.

Vermitteln Sie das Bildungsideal, das Sie von Ihren Eltern bekommen haben, auch Ihren Kindern?
Ich bin überzeugt davon: Was wissenswert ist, verschiebt sich immer – nicht nur von Generation zu Generation, sondern vermutlich schneller. Trotzdem glaube ich, dass es unsere Aufgabe als Eltern ist, Kindern gewisse Hilfestellungen zu geben. Ich habe überhaupt nichts gegen Lady Gaga und Cindy aus Marzahn, aber man hat als Eltern die Verantwortung, Vielfalt aufzuzeigen. Es geht darum, auf eine softe Art und Weise das Interesse zu entfachen.

Wie machen Sie das?
Eine meiner Töchter musste in der vierten Klasse erstmals ein Referat machen. Sie hat sich Reetdächer als Thema ausgesucht, und da bin ich mit ihr zu einer Baustelle gefahren und habe einen halben Tag lang zugeguckt, das fand ich ja selber sehr spannend. Auf dem Nachhauseweg hat sie mir gesagt: Papa, das war ja gar nicht wie in der Schule lernen, das war ja wie ein Abenteuer. Wenn man das Feuer entfacht – dann hat man schon was geschafft. Erinnern Sie sich an Ihren eigenen Geschichtsunterricht? Ich bin sehr interessiert an Geschichte, aber an den Unterricht habe ich keine positiven Erinnerungen.

Keine positiven oder gar keine?
Eher keine. Mein Interesse ist erst später gekommen, als ich dann zielgerichtet lesen konnte, Biografien oder Sachbücher. Es geht ja darum, dass man das Hier und Jetzt versteht. Und dass man die Zukunft gestalterisch mitprägen kann. Dafür ist es zwingend erforderlich, dass man

weiß, was vorher war. Da verliert das Mittelalter vielleicht an Wert, weil natürlich noch wichtiger ist, was in den letzten hundert Jahren passiert ist – auch wenn manche Lehrer noch so gerne Walther von der Vogelweide lesen lassen.

Über das 20. Jahrhundert lernt man doch viel, in der Schule und auch anderswo.

Nein, über das letzte Jahrhundert wissen wir immer noch viel zu wenig. Ich weiß zum Beispiel über Asien fast nichts. Als ich zu den Olympischen Spielen 2008 nach Peking gefahren bin, haben wir einen Stadtführer genommen, der uns zwei Tage lang die Sehenswürdigkeiten gezeigt hat – und auf den vielen Wegen dazwischen, im Stau, hat er uns erzählt. Der Lange Marsch der Kommunisten: Wie lang der gedauert hat? Das wusste ich nicht. Und wie viele Millionen Menschen ihr Leben gelassen haben. Da hatte ich riesige Lücken – und ich würde bestimmt noch mehr finden ...

Wie lernen Sie jetzt dazu?

Ich bin Zeitungsleser alter Schule. Natürlich nutze ich auch das Internet, lese SPIEGEL ONLINE oder auch bild.de, aber ansonsten bin ich vermutlich einer der Letzten von gestern.

Welche Rolle hat das Fernsehen?

Ich glaube nicht, dass das Fernsehen so verdummend wirkt, wie immer gesagt wird. Man muss natürlich vernünftig damit umgehen, dann kann man doch tolle Sachen sehen. Und ich kann zumindest für die Zeit, die ich beobachte, die letzten 15, 20 Jahre, nicht erkennen, dass alles dramatisch schlimmer geworden wäre. Vielleicht ist die Bandbreite größer geworden, es gibt Extreme, »Big Brother« auf der einen Seite und ein abgehobenes Angebot auf der anderen Seite; dazwischen ist ein ordentliches Medium.

Als Vater sind Sie nicht entsetzt, wenn Ihre Kinder die Zeit mit irgendwelchen banalen Sendungen verschleudern?
Über »Superstars« oder »Topmodels« will ich gar nicht richten, das hat alles seine Berechtigung. Ich versuche immer, das in einem größeren Zusammenhang zu sehen. In den Fünfzigerjahren hat es große Protestbewegungen gegen Elvis Presley gegeben. Da wurden Cover verbrannt, Platten zerbrochen, und Radiostationen spielten ihn nicht mehr. Möglicherweise ist das heute auch nicht so falsch, wie wir Älteren glauben. Was ich nicht mag, sind nur Sendungen, die deshalb funktionieren, weil der letzte Zuschauer zu Hause merkt, dass es ihm noch ein bisschen besser geht als demjenigen, der da gerade vorgeführt wird. Das ist ekelhaft und menschenverachtend und dumm. »Bauer sucht Frau« ist hart an der Grenze, die Steigerung ist »Schwiegertochter gesucht«. Aber es gibt doch auch »Galileo«, das ist nicht doof, und es ist sogar erfolgreich, eine Wissensshow im Privatfernsehen!

Eine Ihrer Wissenssendungen sollen Sie mal mit dem Satz begonnen haben: »Vorher sind wir klüger als nachher.«
Das hab ich gesagt? Wirklich? Na ja, das war dann ein schöner Versprecher. Ich hab auch mal gesagt: Jetzt halten Sie die Luft an, aber vergessen Sie das Atmen nicht. Man redet schon dummes Zeug, wenn man viel redet.

Herr Kerner, vielen Dank für das Gespräch.
Ach, das war's schon? Schade, ich dachte, ich müsste noch ein paar Wissensfragen beantworten.

Johannes B. Kerner, Jahrgang 1964, ist seit rund einem Vierteljahrhundert im deutschen Fernsehen zu sehen und hat unter anderem die Fußball-Show »ran« und »Das aktuelle Sportstudio« moderiert. Jeden Donnerstag läuft bei Sat.1 seine Show »Kerner«, die von SPIEGEL TV Infotainment produziert wird. Kerner hat ein Jesuitengymnasium in Bonn besucht und einige Semester Betriebswirtschaftslehre studiert. Er lebt in Hamburg, ist verheiratet und hat vier Kinder.

»DATEN UND FAKTEN GEWINNEN ERST SINN DURCH DIE SUCHE NACH ZUSAMMENHÄNGEN«

Der Historiker Heinrich August Winkler über die historische Allgemeinbildung der Deutschen und ihre Bedeutung für das Verständnis politischer Prozesse der Gegenwart

Herr Professor Winkler, kann man Sie mit Wissensfragen aus Ihrem Fachgebiet überraschen?
Mit Sicherheit ja, weil alles historische Wissen fragmentarisch ist und ich schon als Student gelernt habe, dass es in der Geschichtswissenschaft mehr auf Erkenntnis als auf Kenntnis ankommt. Das heißt, erst wenn man eine Frage an die Geschichte hat, ergibt sich daraus, welche Fakten wichtig sind und welche weniger.

Der Laie denkt natürlich, ein Geschichtsprofessor weiß eigentlich alles – das stimmt aber offenbar nicht.
Das stimmt in keiner Weise. Wir haben gerade auch in der Geschichtswissenschaft eine erhebliche Spezialisierung erlebt, mit dem Ergebnis, dass wir über immer weniger immer mehr wissen, und das ist eine durchaus problematische Entwicklung. Das führt dann dazu, dass wir den größeren europäischen Zusammenhang der deutschen Geschichte aus den Augen verlieren, von der globalen Geschichte ganz zu schweigen. Dasselbe gilt für die Spezialisierung auf einzelne Epochen. Wer nur von der Zeitgeschichte etwas versteht, versteht auch die nicht ganz, könnte man in Anlehnung an ein berühmtes Wort von Lichtenberg sagen, das im Original lautet: »Wer nur die Chemie versteht, versteht auch die nicht ganz.«

Wenn Sie einmal zurückschauen auf Ihre akademische Lehrtätigkeit: Haben die jungen Studenten früher mehr gewusst als heute?
Ich kann nicht in den Chor der Klagenden mit einstimmen.

Ich finde, dass diese Studentengeneration so motiviert ist wie frühere Generationen von Studierenden, mit denen ich seit Beginn meiner Assistententätigkeit im Jahr 1964 zu tun hatte. Das Wissen von der jüngsten Vergangenheit verschiebt sich natürlich. Die Namen aus dem »Dritten Reich«, die man in den Fünfziger- und Sechzigerjahren noch aus dem Effeff kannte, weil die Akteure zum Teil sogar noch lebten, kann man heute nicht mehr als bekannt voraussetzen. In den Vorlesungen der letzten Jahre habe ich mich daran gewöhnt, auch den Namen Erich Honecker an die Tafel zu schreiben, weil er längst nicht mehr allen geläufig war, und vermutlich wissen auch nicht alle, die im ersten Semester Geschichte studieren, was es mit Walter Ulbricht auf sich hatte. Das alles hängt natürlich in hohem Maße vom Schulunterricht ab. Ansonsten wissen Studierende heute oft sehr viel mehr von der Welt außerhalb Deutschlands, als das bei den Studenten vor einigen Jahrzehnten der Fall war, die noch kein Internet hatten.

Das heißt also, die Vorkenntnisse sind nicht mehr nur auf deutsche Geschichte konzentriert, sondern man kennt die Welt insgesamt ein bisschen besser?
Ja. Und gleichzeitig müssen wir festhalten, dass die Universitäten hinter den enormen Herausforderungen der Globalisierung zurückgeblieben sind. Viele deutsche Universitäten haben immer noch keine Lehrstühle für amerikanische Geschichte, von der Geschichte Asiens und Afrikas ganz zu schweigen. Das können wir uns einfach nicht mehr leisten. Man muss sich vorstellen, dass es bis heute an vielen Universitäten möglich ist, ein Studium der Geschichte zu absolvieren, ohne sich je mit der Geschichte der Vereinigten Staaten von Amerika befasst zu haben. Ein Unding, ein Zeichen von Provinzialisierung, die wir dringend überwinden müssen.

Welche Rolle spielen Geschichte, historisches Wissen heute im Bewusstsein des politisch denkenden Zeitgenossen?
Historische Kenntnisse aus länger zurückliegenden Epochen sind heute wahrscheinlich schwerer abrufbar als noch vor einigen Generationen, weil sich unser Begriff von Bildung verändert hat. Aber das betrifft nicht nur historische Kenntnisse. Im Bundestag der Fünfzigerjahre konnten Redner noch mit lateinischen Zitaten um sich werfen, ohne sie übersetzen zu müssen. Das wäre heute völlig undenkbar und würde lächerlich wirken, als Bildungsprotzerei angesehen werden. Wir müssen also sehr viel mehr begründen, warum Geschichte wichtig ist, und zwar nicht nur die Geschichte des eigenen Landes, sondern die unserer Nachbarländer und der wichtigsten Akteure der multipolaren Welt. Es ist von existenzieller Bedeutung für jedes Land, dass sich die Politiker dieses Zusammenhanges bewusst sind.

Und sind sie es? Handeln die Politiker in Deutschland mit einem historischen Bewusstsein?
Einige schon. Es gibt jedenfalls in allen großen Parteien Politiker, die versuchen, historische Literatur zur Kenntnis zu nehmen, auf dem Laufenden zu bleiben.

Man sieht das manchmal in den Zeitungen, wenn Politiker nach ihrer Ferienlektüre gefragt werden. Dann geben sie an, sie hätten die neueste Churchill- oder Bismarck-Biografie gelesen …
Genau, ich weiß das zum Beispiel von Peer Steinbrück und Wolfgang Schäuble. Und jede Partei ist gut beraten, solche Politiker zu fördern, denn für das politische Handeln ist ein Bewusstsein für den historischen Ort des eigenen Landes und der eigenen Gegenwart von überragender

Bedeutung. Man muss nicht Geschichte studiert haben, um sich so weit selbst zu historisieren, wie das für einen guten Politiker notwendig ist.

Sie galten einige Jahre als historischer Berater der rot-grünen Regierung, man hat Ihnen zugeschrieben, Sie hätten einen guten Draht zu Bundeskanzler Gerhard Schröder und zu Außenminister Joschka Fischer gehabt. Was haben Sie den beiden denn empfohlen?
Ich habe tatsächlich mit beiden diskutiert, aber nur ein einziges längeres Vieraugengespräch mit Gerhard Schröder geführt, übrigens über die Frage, ob Beitrittsverhandlungen mit der Türkei aufgenommen werden sollten. Aber da haben meine Argumente, die gegen eine Vollmitgliedschaft der Türkei in der EU gerichtet waren, nichts bewirkt. Richtig ist, dass einige Politiker, und zwar parteiübergreifend, meine deutsche Geschichte des 19. und 20. Jahrhunderts mit dem Titel »Der lange Weg nach Westen« gelesen und dieses Buch auch als Orientierungshilfe wahrgenommen haben.

Aber woran liegt es, dass offenbar nur wenige Politiker eine solche Beratung in Anspruch nehmen? Sind andere Dinge im politischen Alltag einfach wichtiger?
Offenbar. Aber es liegt auch an den Historikern selbst, ob sie versuchen, über die Fachwelt hinaus ein breiteres an Geschichte interessiertes Publikum anzusprechen. Ich versuche in meinen Lehrveranstaltungen den Studierenden klarzumachen, dass sie stets so formulieren sollten, dass sie auch von Laien verstanden werden, und dass sie eines scheuen müssen wie der Teufel das Weihwasser, und das ist der Fachjargon ...

Den deutsche Historiker in der Regel immer noch bevorzugen.

Wenn auch nicht so stark wie manche Politologen und Soziologen. Im Übrigen beweisen uns angelsächsische, französische und italienische Historiker durch ihre Veröffentlichungen, dass Lesbarkeit in keiner Weise den Tiefgang einer Darstellung gefährden muss. Im Gegenteil, ich glaube, dass die Verständlichkeit der Darstellung eher dafür spricht, dass ein Autor versucht hat, ein Problem zu Ende zu denken.

Welche Bedeutung haben einzelne historische Ereignisse für die Darstellung der Geschichte?

Die entscheidende Frage der Geschichtswissenschaft lautet aus meiner Sicht nicht so sehr, frei nach Ranke, wie es eigentlich gewesen ist, als vielmehr, warum es eigentlich so gekommen ist. Das heißt, wir sollten auch fragen, wie unsere Gegenwart entstanden ist, warum sich unsere Geschichte so und nicht anders entwickelt hat.

Mit anderen Worten: Das Fragen nach Fakten, nach Daten, Jahreszahlen bringt allenfalls die halbe Wahrheit ans Tageslicht?

Ja, nicht die Anhäufung von Wissen ist das, was wir den Studierenden vermitteln sollten, sondern die Erkenntnis von Zusammenhängen, die Fähigkeit, einzelne Erscheinungen in einen größeren Kontext einzuordnen. Das setzt in allererster Linie Problemverständnis voraus, die Fähigkeit, nach Motiven, Handlungsspielräumen und Alternativen der Akteure zu fragen. Das ist die Grundlage jedes historischen Urteils. Das – glaube ich – ist ein Zugang zur Geschichte, der uns auch offen macht für die Herausforderungen der Gegenwart.

Andererseits, so ganz ohne ein Gerüst von Zahlen und Fakten kommt man doch nicht aus.
Natürlich nicht, aber die Daten und Fakten gewinnen erst Sinn durch die Suche nach Zusammenhängen. Erst wenn wir wissen, warum es wichtig ist, zu wissen, dass der 30. Januar 1933 ein tief einschneidendes Datum der deutschen Geschichte ist, merken wir uns dann auch ein solches Datum.

Sie wählen sicher nicht zufällig dieses Datum. Ist die NS-Zeit immer noch die für unser politisches Bewusstsein zentrale Epoche?
Ich habe den Eindruck, dass wir dabei sind, eine gewisse historische Horizontverengung zu überwinden. Eine Zeit lang schien es in der Tat so, als genüge es, etwas über das »Dritte Reich« zu wissen – die »deutsche Katastrophe«, wie Friedrich Meinecke die Jahre 1933 bis 1945 genannt hat. Aber wenn wir die deutsche Katastrophe historisch einordnen wollen, müssen wir viel weiter in die deutsche Geschichte zurückgehen und fragen, warum sich im entscheidenden Augenblick die freiheitlichen gegenüber den freiheitsfeindlichen Traditionen nicht behaupten konnten. Und wir müssen erkennen, warum Deutschland, das kulturell immer ein Land des Westens war, sich bis zum Ende des sogenannten »Dritten Reiches« geweigert hat, die politischen Konsequenzen der Aufklärung zu übernehmen, jener Aufklärung, zu der Deutschland selbst einen entscheidenden Beitrag geleistet hat.

Und wie sieht Ihre Bilanz aus? Hat sich das Geschichtsbewusstsein der Deutschen über die NS-Zeit hinaus erweitert?
Ich glaube, was wir überwinden müssen und zum Teil auch überwunden haben, ist eine isolierende Betrachtung die-

ser zwölf Jahre, denn die führt ja nicht zum vertieften Verständnis, sondern eher zu einer Mythisierung dieser Zeit, und das wäre das Törichtste, was wir tun können. Es geht darum, zu erklären, warum es dahin gekommen ist und warum es eine Geschichte nach 1945 gibt, in der Deutschland an bessere Traditionen anknüpfen konnte, die dieses Land mit dem Westen verbinden.

Wenn man auf dem Weg zu Ihrem Büro vom Berliner Hauptbahnhof kommt, dann fährt man am Holocaust-Denkmal vorbei und biegt in die Wilhelmstraße ein, das ganze Areal ist historisch kontaminiert. Und ein bisschen Mythisierung ist ganz sicher dabei, zumindest beim Holocaust-Mahnmal. Mit Aufklärung hat das nicht viel zu tun.
Man konnte ja auch darüber streiten, ob das die angemessene Form des Gedenkens ist. Aber das Mahnmal steht da, es ist zu einem Memento geworden und kann vielleicht wirklich der Anstoß sein, die Frage zu stellen, warum dieses Menschheitsverbrechen nicht nur im deutschen Namen, sondern durch Deutsche begangen worden ist. Diese Grundfrage meiner Generation bleibt, soweit ich das überblicken kann, für alle Generationen eine Frage, die für den Zugang zur deutschen Geschichte von zentraler Bedeutung ist. Da darf es keine Relativierungen geben, auch wenn man sich vor der Annahme hüten sollte, die deutsche Geschichte sei zwangsläufig auf dieses Ereignis hin angelegt gewesen und habe dann im Grunde auch mit 1945 geendet.

Wenn Sie einmal nach vorne schauen, was ein Historiker ja eher selten tut, aber trotzdem: Welche Prognose haben Sie, wird historisches Wissen für den politischen Menschen auch in Zukunft noch eine Bedeutung haben?
Zunächst einmal hat Friedrich Schlegel wahrscheinlich

recht mit seinem berühmten Bonmot, dass die Historiker rückwärts gekehrte Propheten sind. Für mich ist die Frage weniger, was kommen wird, sondern, auf welche Zukunft wir hinarbeiten sollten. Ich würde mir für Deutschland eine Zukunft in einem vereinten Europa wünschen, in dem wir die nationalen Verengungen zunehmend überwinden, ohne unsere nationalen Besonderheiten zu vergessen. In diesem Sinne wünsche ich mir von der deutschen Geschichtswissenschaft die Überwindung nationalstaatlicher Verengungen zugunsten weiterer Horizonte, die über Europa weit hinausgehen müssen. Das zu erkennen, was den Westen im Innersten zusammenhält, scheint mir gerade in einer multipolaren Welt von höchster Bedeutung.

Was heißt das konkret?
Wir brauchen eine Bereitschaft zu einem selbstkritischen Umgang mit der Geschichte des Westens, vor allem wenn wir begreifen wollen, warum der Westen in der Welt von heute so viele Gegner hat und auf so viel Misstrauen stößt. Vieles davon hat sich der Westen, von dem wir ein Teil sind, selbst zuzuschreiben. Viele Vorbehalte und Vorwürfe finden ihre Begründung darin, dass der Westen von seinem eigenen normativen Projekt, den Ideen der Menschenrechte, des Rechtsstaats, der Gewaltenteilung, den Ideen der amerikanischen Unabhängigkeitserklärung von 1776 und der Französischen Revolution von 1789, abgewichen ist und gegen sie verstoßen hat.

Aber wird der Westen im Nahen und Fernen Osten wirklich deswegen kritisiert, weil er gegen seine eigenen Grundsätze verstößt? Gibt es nicht eher einen grundsätzlichen Vorbehalt gegen die von Ihnen eben genannten Ideen der Menschenrechte?
Sicher.

Also ist es nur ein Vorwand, wenn Chinesen oder Muslime den Amerikanern oder Engländern vorhalten: Ihr verstoßt gegen eure eigenen Regeln?

Es ist kein Vorwand, wenn China darauf verweist, was ihm der Westen mit seiner Kolonialpolitik vor allem im 19. und frühen 20. Jahrhundert angetan hat. Andererseits werden diese Erfahrungen tatsächlich missbraucht, wenn sich die Regierung in Peking gegen Ideen zur Wehr setzt, die im eigenen Lande in eindrucksvollster Weise vom Friedensnobelpreisträger Liu Xiaobo vertreten werden. Dessen Charta 08 ist ein Dokument, das gleichrangig neben den Menschenrechtserklärungen der britischen Kolonien in Nordamerika und der Erklärung der Menschen- und Bürgerrechte durch die französische Nationalversammlung steht. Wir müssen diese Ideen gegenüber Dritten, also auch gegenüber der islamischen Welt, glaubwürdig und selbstbewusst vertreten und können das nur tun, indem wir uns selber daran halten. Ohne ein geschärftes Bewusstsein für das, was den Westen im Innersten zusammenhält, wird dieser Westen immer mehr an Bedeutung in der Welt verlieren.

Wenn Sie die veröffentlichte Meinung in Deutschland anschauen, also das, was Journalisten insbesondere in der Presse, im Fernsehen oder im Internet publizieren: Verfügen die Kollegen über ausreichende historische Kenntnisse oder stehen Ihnen da manchmal die Haare zu Berge?

Nein, gar nicht. Ohne die immer wiederkehrende Behandlung historischer Themen durch meinungsprägende Organe und auch durch die öffentlich-rechtlichen Fernsehsender stünde es wahrscheinlich um das historische Wissen und um das historische Bewusstsein in der deutschen Gesellschaft sehr schlecht. Auf die Universitäten allein oder die Beiträge der Historiker darf man sich da nicht verlassen.

Heinrich August Winkler, Jahrgang 1938, ist einer der bekanntesten deutschen Historiker. Er wurde in Königsberg geboren, wuchs nach der Flucht in Süddeutschland auf und studierte Geschichte, Philosophie, Öffentliches Recht und Politische Wissenschaft. Nach Promotion und Habilitation hatte er ab 1970 Professuren an der Freien Universität Berlin, der Albert-Ludwigs-Universität Freiburg und der Humboldt-Universität zu Berlin inne; seit 2007 ist er emeritiert. In den Achtzigerjahren spielte Winkler eine wichtige Rolle im Historikerstreit, als er – wie Jürgen Habermas und andere – die Thesen Ernst Noltes angriff, dem er eine Verharmlosung des Holocausts vorwarf. Große Beachtung fand sein im Jahr 2000 veröffentlichtes Werk »Der lange Weg nach Westen«, in dem sich Winkler mit der Frage nach einem »deutschen Sonderweg« beschäftigt.

LEKTÜRETIPPS

Wer sich ein Bild von der Weltgeschichte machen will, kann seit mehr als einem Jahrhundert auf den »Putzger« zählen. 1877 veröffentlichte der Realschullehrer gleichen Nachnamens seinen historischen Atlas, der seitdem zu einem Standardwerk mit mehr als 100 Auflagen geworden ist. Einen hervorragenden Überblick über die Jahrtausende verschaffen auch die Werke der Ploetz-Familie: Atlas, Chronik und Enzyklopädie. Und in fast jede Handtasche passt der dtv-Atlas zur Weltgeschichte – da kann einen kein Wissenstest mehr böse überraschen.

Antike

Einen Einstieg ins Thema bietet die SPIEGEL-Redaktion mit zwei Werken. »Götter, Helden, Denker« heißt das Buch über die Ursprünge der europäischen Kultur im antiken Griechenland. Und wer sich bei Wissensfrage Nr. 15 nicht ganz sicher war (Wann endete das Weströmische Reich?), findet alles Wissenswerte in dem Band »Das Ende des Römischen Reiches«, ebenfalls herausgegeben von Johannes Saltzwedel. Als Standardwerk zum Thema sei die »Kleine Geschichte der Antike« von Hans-Joachim Gehrke empfohlen. Wer sich bilden und dabei auch unterhalten lassen will, kann zu Robert von Ranke Graves' Roman »Ich, Claudius, Kaiser und Gott« greifen.

Vom Mittelalter bis zur Französischen Revolution

Einen Klassiker hat Henri Pirenne mit seinem Buch »Europa im Mittelalter« geschrieben; das ist schon ein paar

Jahrzehnte her, die Darstellung daher in manchen Teilen überholt, aber immer noch sehr lesenswert. Ein großes Werk hat auch Johannes Fried vorgelegt: »Das Mittelalter. Geschichte und Kultur«. Weiterlesen kann man für Deutschland bei Johannes Burckhard (»Deutsche Geschichte in der frühen Neuzeit«) und für Europa bei Günter Vogler (»Europas Aufbruch in die Neuzeit 1500–1650«). Zur Französischen Revolution bietet Axel Kuhn eine Einführung (»Die Französische Revolution«) und das Herausgeber-Duo François Furet und Mona Ozouf eine Vertiefung (»Kritisches Wörterbuch der Französischen Revolution«).

Deutschland

Das »Handbuch der deutschen Geschichte« ist tatsächlich das Handbuch der deutschen Geschichte: Es umfasst längst mehr als zwanzig Bände und wird nach seinem Gründungsherausgeber auch heute noch gerne »der Gebhardt« genannt. Ein bisschen Vorwissen braucht es schon, aber dann ist die Lektüre äußerst erkenntnisreich. Noch übersichtlicher ist die ebenfalls vielbändige Reihe »Grundriss der Geschichte« des Oldenbourg Wissenschaftsverlags. Mit einem einzigen Band kommt Hagen Schulze aus, um seine »Kleine deutsche Geschichte« auszubreiten. Einen nicht ganz so langen Zeitraum deckt ein anderes Standardwerk ab: »Der lange Weg nach Westen« von Heinrich August Winkler, der im Interview ab Seite 146 erklärt, dass er damit auch Politikern Orientierungshilfe geleistet habe. Über den östlichen Teil Deutschlands bis zur Wende informiert Klaus Schroeders »Der SED-Staat«.

Europa und die Welt seit 1945

Noch einmal sei die Empfehlung eines SPIEGEL-Buchs gestattet: »Der Kalte Krieg« beschreibt, wie die Welt den Wahnsinn des Wettrüstens überlebte. Eine Einführung in die Europäische Union bietet Werner Weidenfeld mit seinem »Europa-Handbuch«. Die ganze Welt erfasst Jahr für Jahr der »Fischer Weltalmanach«, mit Hunderten Fotos und Grafiken sowie Hunderttausenden Daten.

Wissenstests

Wer mehr über Wissenstests erfahren möchte: Wissenschaftliche Studien finden sich in dem Band »Allgemeinbildung in Deutschland«, herausgegeben von Sabine Trepte und Markus Verbeet. Rund zwanzig Wissenschaftler-Teams aus verschiedenen Fächern und aus verschiedenen Staaten analysieren darin den »Studentenpisa-Test«, den der SPIEGEL in Kooperation mit studiVZ im Frühjahr 2009 durchgeführt hat. Mehr als 600.000 Menschen machten damals mit und beantworteten Fragen aus fünf Wissensgebieten – darunter Geschichte.

DANK

Die Autoren sind vielen Menschen zu Dank verpflichtet: Sven Markschläger und seinen Kollegen von VZnet Netzwerke, die so viele Menschen für eine Teilnahme an dem Wissenstest begeistert haben. Der Mathematikerin Katharina Wesselhöft, die ebenso aufmerksam wie kundig alle Auswertungen vorgenommen hat. Martin Breitfeld und den weiteren Mitarbeitern des Verlags Kiepenheuer & Witsch, die so viele wertvolle Hinweise gegeben haben.

Die Autoren danken auch den vielen Kolleginnen und Kollegen, die in den unterschiedlichen Abteilungen des SPIEGEL-Verlags zum Erfolg des Wissenstests beigetragen haben: Katharina Borchert, Heiko Buschke, Rüdiger Ditz, Karsten Fiedler, Rene Gauding, Christian Goedecke, Thomas Hammer, Konstantin von Hammerstein, Thomas Hass, Margarete Hüttenberger, Merve Japes, Judica Klages, Jochen Leffers, Frauke Lüpke-Narberhaus, Gernot Matzke, Birger Menke, Angelika Mette, Peer Peters, Michael Plasse, Anja Putensen, Sebastian Raulf, Dr. Johannes Saltzwedel, Susanne Sayami, Matthias Schmolz, Oliver Scholz, Jan Siegel, Christoph Titz, Jens Vellguth, Hans-Jürgen Vogt, Antje Wallasch, Alfred Weinzierl, Juliane Wilke, Anika Zeller, Hella Ziegenhirt und zahlreiche weitere Kollegen insbesondere aus der SPIEGEL-Dokumentation.